加法孩子

激发学习
内驱力的秘密

韦志中 周治琼 ○ 著

中国宇航出版社
·北京·

版权所有　侵权必究

图书在版编目（CIP）数据

加法孩子 : 激发学习内驱力的秘密 / 韦志中，周治琼著. -- 北京 : 中国宇航出版社，2025.1. -- ISBN 978-7-5159-2451-9

Ⅰ. G791；G782

中国国家版本馆CIP数据核字第2024D56L30号

策划编辑 张文丽		**责任校对** 谭　颖	
责任编辑 田芳卿		**封面设计** 毛　木	

出　版 发　行	中国宇航出版社		
社　址	北京市阜成路 8 号 （010）68768548	邮　编	100830
网　址	www.caphbook.com		
经　销	新华书店		
发行部	（010）68767386 （010）68767382	（010）68371900 （010）88100613（传真）	
零售店	读者服务部 （010）68371105		
承　印	北京中科印刷有限公司		
版　次	2025 年 1 月第 1 版	2025 年 1 月第 1 次印刷	
规　格	880×1230	开　本	1/32
印　张	6.75	字　数	129 千字
书　号	ISBN 978-7-5159-2451-9		
定　价	49.00 元		

本书如有印装质量问题，可与发行部联系调换

推荐序一

激发青少年内驱力的金钥匙

在当今这个信息爆炸、竞争激烈的时代,青少年的成长之路充满了前所未有的挑战与机遇。在这一关键时期,如何帮助他们建立强大的内心驱动力,成为无数家长和教育工作者共同关注的焦点。正是在这样的背景下,"激发内驱力"系列图书《减法家长:激发孩子内驱力的秘密》《加法孩子:激发学习内驱力的秘密》应运而生,它以独特的视角和深刻的洞察力,为我们揭示了一条通往青少年内心世界的全新路径。

本系列书的核心理念是:父母应该保持边界感,善于做"减法";孩子则应在学习与成长中巧用"加法",进而提升学习的内驱力。这一核心理念不仅是对传统教育模式的深刻反思,更是对现代家庭教育智慧的精准提炼。在孩子的成长过程中,作者深谙父母角色至关重要,但过度的干预与保护,往往会束缚住孩子的翅膀,阻碍他们自由飞翔。因此,书中指导父母学会适时放手,设定合理的界限,让孩子在适度的自由空间中探索自我,学会独立。这种做"减法"的智慧,实则是在为孩子的成长清除障碍,让他们的内驱力得以自然萌发与成长。

当然,"减法"并不意味着放任自流。书中强调,父母在保持边界感的同时,也要密切关注孩子的情绪变化和心理需求,适时给予指导和支持。这种"有所放有所不放""有温度的放手",既能够让孩子感受到父母的关爱,又能够培养他们的独立性和自主性。

与此同时,本系列图书强调孩子应在情绪管理、人际关系以及压力处理等方面不断学习与实践,这是孩子们"做加法"的关键所在。情绪管理教会孩子如何识别、表达并调节自己的情绪,使他们能够在面对挑战时保持冷静与理智;学习人际关系技巧则有助于他们建立健康、积极的社会关系,为未来的团队合作与社交活动打下坚实的基础;掌握压力处理技巧,则能让孩子在快节奏的现代生活中游刃有余,保持身心的平衡与和谐。这些"加法"不仅丰富了孩子的内在世界,更是在无形中激发了他们的内在动力,使他们在面对困难与挑战时能够主动出击,勇往直前,提高"逆商"。

值得一提的是,本系列图书在阐述家庭教育理念的同时,还提供了大量实用、具体的操作指南和案例分析,让读者能够轻松理解并付诸实践。这些基于科学研究与实践经验的建议,既严谨又贴心,为家长和教育工作者提供了一套切实可行的行动框架,帮助他们更有效地引导孩子走向成功与幸福。

在阅读该系列图书的过程中,我深受启发,仿佛又回到了青少年时代,以及初为人父的时光。那时,也曾迷茫,也曾彷徨,也曾犯过许多今天家庭所犯的错误。如果当时有这样一套图书，应该会少走许多弯路。我相信，这套图书能够给广大家长和青少年带来同样的感受和收获。

这套图书就像是一位智慧的老友，用轻松的语言和真挚的情感，讲述着关于成长的故事，传递关于内驱力的秘密。它不仅是一套关于教育的图书，更是一套关于成长、关于自我发现的图书。它让我们明白，真正的成长不是外在的灌输和强加，而是内心的觉醒和驱动。因此，我衷心推荐这套图书给每一位关心青少年成长的家长和正在成长道路上前行的青少年朋友们。愿这套图书能够成为家长和青少年成长路上的良师益友，陪伴大家一起走过这段充满挑战和机遇的旅程。

肖利军

解放军总医院第三医学中心医学心理科主任

推荐序二

新时代如何当好家长

面对当今孩子表现出来的高自尊、低欲望、玻璃心、"摆烂"的情况,部分家长在亲子教育问题上遇到了前所未有的挑战。像我们父辈一样管教孩子的办法已经不灵了,在这种情况下,新一代父母如何成为称职的家长?当家长是否需要专业的学习?

从心理学的视角来看,当今的孩子在物质生活方面已经比几十年前的孩子好了很多,但他们在心理生活方面却面临着许多困境:缺乏自由探索和成长的空间,缺乏试错和失败的环境;无法接受自己的普通和平凡……在家长高期望和全天候、无死角的"监管"下,孩子们表现出许多心理症状,他们的求知欲、探索动力和成就感,也在这样的环境中消失不见。

从这个意义上讲,很多孩子的心理问题,来自环境以及与父母或家庭中不恰当的互动,孩子是在替社会和家庭在生病。家长们都希望自己的子女成龙成凤,为了实现这一目标不惜付出一切代价。令许多家长意想不到的是,当孩子们进入社会的时候,不少孩子却因心理发展不健全和能力不足,被排除在社会之外,还谈什么竞争？相比升学率和面子，维护孩子心理健康，激发每个个体生活、学习、探索的内在动机，才是家长和学校的当务之急。

针对孩子内驱力不足的问题，作者基于大量的咨询案例，结合当前孩子和家长遇到的各种困惑，通过抽丝剥茧的分析、总结和归纳，创造性地提出了自己的应对之道，最终汇聚成"激发内驱力"系列图书：《减法家长：激发孩子内驱力的秘密》《加法孩子：激发学习内驱力的秘密》。该套图书语言通俗易懂，却不乏深刻的道理。书中的大量案例，都基于专业的心理学知识。作者是多年置身于心理健康咨询一线的工作者，对新时代如何当好家长，形成了一套自己独到的看法。

这套图书值得推荐给迷茫中的家长，其价值不在于给大家一套万全的应对方法，而在于让家长也加入"新时代如何当好家长"这样一个课题的探索之中，希望最终能探索出适合孩子成长道路的养育理念和方法。

我和作者都有一个共同的观念：在新时代，要成为称职的家长，需要学习一些心理学与教育学方面的知识。随着时代的发展，知识越来越专业化，家长不再是不学而会的"岗位"。

在推荐这本书的同时，希望每位父母都能成为新时代的好家长。与大家共勉！

舒跃育

西北师范大学心理学院教授、博士生导师

前　言

近年来，青少年心理健康问题日益严重，已经到了无法忽视的程度。《中国国民心理健康发展报告》显示，我国青少年的抑郁检出率为 24.6%，其中轻度抑郁为 17.2%，重度抑郁为 7.4%。青少年抑郁、焦虑等心理问题带来的情绪低落，动力缺失，会直接影响孩子们学习的内驱力，导致厌学现象频繁发生。另一方面，内驱力不足必然伴随着迷茫、拖延、颓废，反过来又会增加青少年心理健康问题的潜在风险。因此，要真正解决青少年目前面对的心理困境，必须从提升孩子们的内驱力入手，破解其中的秘密。这也是笔者成书的初衷。

想要帮助孩子们提升内驱力，家长必须先摸清那些学习失去动力、缺乏内驱力的孩子究竟在想什么，需要什么，如此才能有的放矢，对症下药。另一方面，家长们也需要有足够的知识作为参考，以便识别孩子内驱力不足的初期表现，力争早发现、早干预。在本书中，家长们最好奇的这些关键点都有所涉及，笔者也进行了细心解答。

在跟家长们打交道的过程中，笔者最大的感触是：可怜天下父母心。他们不惜时间、精力及成本，总想着为孩子们做些什么，再多做些什么，这也是为人父母的苦衷。只是，现在有些父母为孩子做得不是太少，而是太多了，反而无意当中损害了孩子的内驱力。基于此，笔者提出"让家长做减法"，不该出手时要坐得住，该"偷懒"时要偷懒；属于孩子责任的事情，坚决只当"顾问"。想要做些什么来解决问题，是人的本能反应。然而，能够控制这种本能，忍住动手的冲动，才能真正修炼为有智慧的父母。

在此提醒家长们，许多我们觉得是帮助孩子的行为，实际上却往往起到反作用。对于这类行为，我们需要及时停止。比如：只关心孩子的学习，其他都可以让路；过度负责任，替孩子规划好一切，希望孩子走向父母理想的未来；孩子内驱力下降了，就唠叨、责骂；孩子学习动力不强时，家长坚信"压力越大，动力越大"，更频繁地施压……诸如此类，看似颇费心力，却很可能把原本内驱力不足的孩子，直接推向厌学的深渊。要知道，终止错误的做法，才可能走向正确的方向，也就是：维系好亲子关系，才能为帮助孩子打下坚实的基础；在学习这件事情上，家长们应保持理智，一定要比孩子更淡定；鼓励孩子无论遇到什么困难，都坚定地向父母求助，共同商量解决办法……凡此种种，方向对了，才可能事半功倍。

那么孩子应该做些什么来恢复自身的内驱力呢？笔者提出，在这一点上，"孩子们需要做加法"，不是加量加负担，而是增加技巧，提升能力，合理利用身边的资源，塑造强大的心理内核。应对能力增强了，孩子肩上的压力小了，才能够轻装上阵，充分发挥内驱力的作用。首先，孩子们需要学习情绪管理技巧，减少内耗。其次，孩子们需要学习如何更好地处理人际关系，掌握构建良好人际关系的相关方法。再次，关于抗压能力方面，多数孩子都有欠缺，亟待"补课"。最后，对于如何利用家庭这个后盾，恰当处理跟家长之间的冲突和分歧，孩子们也需要有更全面的认识。如此，多管齐下，才能真正攻破"自驱力"这座高山。

为了方便家长们阅读以及亲子共读，我们精心创作了以上内容，并将其整合为"激发内驱力"系列丛书。《减法家长：激发孩子内驱力的秘密》强调善于做减法的家长，更能激发孩子的学习内驱力，供家长阅读使用；《加法孩子：激发学习内驱力的秘密》强调孩子要善于在必备技巧上做加法，从而提升学习的内驱力，供辅助孩子提升使用。两本书内容相互独立的同时，又相互佐证、支持。

在多年的青少年心理咨询临床工作中，笔者一直在探索激发孩子内驱力的方法，并且在实践当中总结运用，最后将精华汇聚于书中，可谓诚意满满。笔者相信，认真阅读这两本书，对于家长和孩子，都将会有所启发和触动。提升孩子内驱力这个课题，是有规律可循的，有路径可依的。笔者试图充当这个课题的探路者，跟大家共同一探究竟。

在此，也特别感谢信任笔者的家长和孩子们，你们无私地分享的故事和困惑，为本书的读者们提供了很好的借鉴。书中涉的来访者信息,均做了技术处理。本书能够顺利出版,离不开中国宇航出版社的各位编辑们,特别是张文丽老师给予的全力支持。从选题策划到内容编辑,从文字润色到版式设计,编辑们都付出了巨大的努力和心血,用专业的素养和敬业精神,为本书的高质量出版提供了坚实的保障,在此表达真挚的感谢。

目 录

PART 1
培养孩子自主做加法,激活学习内驱力

加法1　让孩子学会管理情绪,减少内耗　　3
　◎让孩子走出心理内耗,学会体验放松　　3
　◎放弃过度承担,不再做全班的"心理医生"　　11
　◎要让孩子明白:五种不可取的情绪处理方式　　16
　◎给情绪一个出口:合理宣泄情绪很必要　　23
　◎授之以渔:让孩子学会管理情绪　　31

加法2　帮孩子构建良好的人际关系　　39
　◎融不进班级的孩子,学不好　　39
　◎孩子遭遇校园欺凌,家长该怎么引导　　46
　◎一段好的友情,对青春期孩子有多重要　　54
　◎告诉社交恐惧症的孩子这些秘诀　　60

◎ 孩子需要知道这些人际交往原则　　68

加法 3　孩子需补上抗压能力这门课　　73
◎ 现在的孩子怎么这么脆弱　　73
◎ 孩子不能缺失"压力应对"这门课　　79
◎ 教孩子奔跑，更要教孩子学会跌倒　　86
◎ 真正的"挫折教育"应该这样做　　93

加法 4　让家庭成为孩子的后盾　　103
◎ 理顺关系：先有关系，才有管教　　103
◎ 信任重建：孩子对父母的信任，是怎么消失的　　109
◎ 有效沟通：为什么孩子不能跟父母好好沟通　　116
◎ 摆正位置：孩子应处孩子之位，父母当居父母之席　　124
◎ 直面冲突：从不争吵的家庭暗藏着危机　　132
◎ 调整节奏：焦虑的父母，必有回避的孩子　　140

PART 2
激发学习内驱力的秘密

秘密 1　利用游戏原理，激发学习内驱力　　151
◎ 游戏究竟有什么魅力，能让孩子欲罢不能　　151
◎ 参透游戏原理，提升孩子学习内驱力　　156

秘密 2　培养专注力，切实提升学习效率　　161

◎遵循大脑特点，正确看待分心　　　　　　　161
◎排除干扰，保证专注学习的必要条件　　　　165

秘密3　顺应心理需要，夯实内驱力基础　　　**171**

◎摸清规律，遵循孩子心理特点　　　　　　　171
◎精准定位，回应孩子的内在需求　　　　　　177

秘密4　合理应对压力，扫清成长道路上的障碍　**185**

◎全面认识压力，理解压力规律　　　　　　　185
◎协同孩子战胜压力，赢回学习掌控权　　　　192

PART 1

培养孩子自主做加法，激活学习内驱力

加法 1　让孩子学会管理情绪，减少内耗

让孩子走出心理内耗，学会体验放松

明明才十几岁的年纪，却总是唉声叹气，没有精气神，眼神暗淡，没有光彩，看起来有点像"小老头""小老太"。总是喊累，每天只想躺着，却依然觉得精神状态不佳，没有活力，还经常觉得全身疼痛，仿佛刚干完重体力活一般，疲惫不堪。

人们常用一个词来形容这类孩子：颓废。颓废的罪魁祸首，可能正是"精神内耗"。

❦ 什么是精神内耗

"内耗"本身是个物理术语，是指机器或其他装置本身所消耗的、没有对外做功的能量。比如说机器零件之间的摩擦、共振，等等，同样消耗能量，却并未对外产生功效。换言之，**精神内耗，则是因为过多的内在纠葛、观念之间相互争斗而形成的无谓消耗。**

花了太多的能量来处理和控制内心的纠结，以至于没有多余的力量来应付外界的事情。长期"精神内耗"的孩子，一般会有

以下表现。

A. 做事拖拉。明明一个小时就能完成的事,硬是要磨磨蹭蹭,反复纠结:我是现在做呢?还是玩一会再做呢?结果,最终两三个小时才完成。

B. 好像也没干什么事,但就是觉得很累,精神疲惫。

C. 犹豫不决,害怕改变又害怕不变,不清楚自己的目标,难以独自做出选择。

D. 即使有了目标,也没有多大的驱动力,还没开始干就累了。

除此之外,精神内耗在人际关系上的表现会更突出。比如对人际关系非常敏感,总担心自己哪里没做好,唯恐得罪了对方。经常过度地反思自己,可能只是别人的一句无心之言,就开始自我脑补、自我反思:"我是不是哪里没做好?哪句话说错了?是不是惹他生气了?"接着便开始自责:"我不该那么说话的,实在是太冒失了,太不礼貌了。"最后,陷入一种自我怀疑、自我厌弃的状态:"我真的不会交朋友,我实在太笨、太差了。"

问题的关键在于,这一系列活动都在内心完成,对方根本一点都不知道,甚至很可能早就把这件事忘记了。

🌿 精神内耗有哪些影响

医学心理学研究表明,如果心理内耗长期存在,得不到疏导,会造成精神萎靡、恍惚,甚至精神失常,甚至还会引发多种身心疾患。常见的偏头痛、高血压、缺血性心脏病等,都与心理损耗有很大关系。

拿成年人举例，大脑的重量虽然只占人体重量的 2% 左右，**但大脑却消耗身体约 20% 的能量**。人脑其实是一台 24 小时工作的机器。当一个人在思考的时候，大脑内的数百万个神经元会相互传递信息，并把大脑指令传递到身体的各个部位。

现在的孩子，营养往往是充足的，甚至是过剩的。很多孩子小小年纪，就已经加入了养生的行列，经常使用各种保健品或中医调理，却仍然感觉身体状况差、精神不济。

其实，家长最容易忽略的就是孩子头脑中超负荷的想法。过多的念头和声音不断争斗，就是在消耗身体自身的能量，也就是我们所说的内耗。遗憾的是，**这种损耗是一种长期的、潜移默化的过程，看不见，摸不着，极易被家长忽视。**

即使孩子每天啥也没干，但这种心理内耗却像千斤重担，压得他们喘不过气。孩子内心不断产生内耗，最终导致动力全无，这也就是表面看到的孩子的状态——颓废。

🌿 精神内耗的原因

（1）过于敏感

高敏感这一特质，会让人们对外界环境过于在意。过多的信息进入大脑，需要处理的任务自然就重了。敏感的人一般共情能力较强，很容易被他人的负面情绪影响。身边的人不开心，他们也不开心。

因此，高敏感孩子自然会比所谓的"大大咧咧"的孩子生活得更累，负担更重。

（2）过于严格要求自己

有些孩子对自己要求过高，总希望事事完美，不管是学习成绩还是人际关系，都要求自己做到最好。还有些孩子**特别在意外界的反馈**，老师、父母、同学，只要有任何人表现出对他不满意，内心就会无比忐忑。

当努力有正反馈时，孩子还能保持继续前进的动力，并且似乎不知疲倦。一旦遭遇失败，他们就会陷入迷茫、焦虑和自我怀疑中，进而开始自我贬低："我是不是真的那么差""我是不是什么也做不好"？这也是很多孩子一次成绩考差，一次人际关系出问题，就彻底颓废，进而怀疑自我的重要原因。

（3）想得多，说得少

以前面谈到的人际关系为例。**内耗的孩子很容易因为对方一句话、一个动作，甚至是一个眼神，就开始进行过度解读**，进而陷入自我怀疑：他是不是不喜欢我了？我是不是得罪他了？同时，也会在内心搜集各种证据，**仿佛有两个小人在打架和对话**。

一个说："他肯定生气了，不然不会突然变得那么冷淡。"

一个说："不会的，他应该不会那么小气，毕竟我们是好朋友。"

一个说："我真的太笨了，连话都不会说，得罪了朋友。"

一个说："我也不是故意的，下次注意就好了。"

……

来来去去，争论了一个小时，却还是没个结果。更关键的是，这些疑惑，对方当事人知道的可能性几乎为零。不管孩子怎么纠结，却坚决不去求证，**自己内心走过千山万水，对方却一个字都不知道。**

想得多，却什么也不说，是孩子内耗的普遍特点。

（4）害怕冲突

还有一类孩子自己吃了亏，心里不满意，却不敢表达，只会生闷气。

同学借钱不还，却不敢讨要，害怕发生冲突，关系闹僵，心里却又老想着这件事，越想越气。明明对一个同学很不满，觉得对方做事很过分，却不敢说出口，担心得罪对方。最后只能是远离对方，安慰自己"眼不见为净"。

这么做表面上避免了冲突，实际上事情并没有解决，反而思绪在内心里反复飘荡，弄得自己心里不安。

（5）害怕失败

内耗型的孩子，往往相对追求完美主义，总是希望把任何事情都做到尽善尽美，容不得自己犯错，接受不了失败。他们会陷入一个思维误区：等我什么都准备好了再行动。

正是这种拖延思维，会阻碍他们去做很多尝试，总是前怕狼后怕虎，最终一步都不敢往前迈。等准备好再行动，原本就是一个伪命题。

（6）对未来焦虑和担忧

很多内耗的孩子，特别是因为内耗而厌学的孩子，表面看起来很淡定，但内心却是暗流涌动。毕竟同龄人都在按照通常轨迹初中、高中地往上读，自己仍然在原地踏步，迷茫又无助，怎么可能一点都不焦虑，不担忧未来呢？

问题在于过度焦虑，并不会让人增加行动力，反而可能会被焦虑吞噬，失去行动能力。所以，孩子就会通过各类手段，比如玩手机、玩游戏等来转移注意力，获得片刻的安宁。但这些都是治标不治本的方法，要想真正解决问题，就需要将焦虑控制在一个合适的度，从根本上解决内耗的问题。

❀ 让孩子走出"精神内耗"的方法

（1）培养孩子"专注当下"的能力

精神内耗一个典型的特点就是过分关注未来，习惯性地沉浸在对未来的担忧和恐惧中。寄希望于完全掌控未来是不切实际的，越是想掌控，反而越会陷入对失控的不安当中。最终的结果便是专注于"焦虑"，一等再等，最后什么也没干成。

家长要做的就是让孩子放弃对虚无缥缈的、无法预计的未来的关注，把注意力完全转回到当下，集中力量处理眼前的事情。

让孩子仔细想想，现在可以做什么，现在要怎么样才能让自己状态好一点，焦虑减轻点，做点什么能够改变现状。不要小看眼前的小行动和小改变，这些一点点积累起来的小行动和小改变，反而是后期让孩子发生质变的基础。

(2) 不管怎样，先让孩子动起来

对于陷入精神内耗的孩子，最难的就是"启动"他们。能让他们动起来，后续就好办很多。遇到不想做的事，给孩子一个心理暗示——先做两分钟。

不要一上来就想让孩子坚持到最后，要防止他们感觉太困难而直接放弃。先让孩子做两分钟，**有时候孩子不是不能坚持，而是不能开始。**

对孩子来说，最难的部分往往是入门。开始行动的前两分钟也许是最难的两分钟，一旦行动起来，坚持做下去似乎也不是难事。

(3) 用好"最后通牒效应"

精神内耗的一个最大表现就是拖延，即使有了明确的目标也不采取行动，拖到不能再拖的时候才勉强开始行动。另一方面，总觉得要做好完全的准备之后才能行动，一旦行动，就要做到最好。最终的结果便是一等再等，什么也没干。

人们只有在接近目标的期限时，才能集中注意力去完成，这被称为"最后通牒效应"。因此，不妨先将一个大任务分成阶段性的小目标，每一个阶段性小目标有一个"最后期限"。所谓的"明日复明日，明日何其多"虽是一句再通俗不过的话，却是"最后通牒效应"的最佳体现。可以休息，可以调整，但最好不要无限期地休息，最后渐渐走入"摆烂"的境地。

(4) 让孩子敢于拒绝

"内耗型"的孩子还有一个特点，**就是不懂拒绝，总害怕拒绝**

对方会破坏关系。结果碍于面子，就什么事情都通通答应。孩子怎么可能事事都做得到呢？一旦做不到，父母肯定就失望了，不信任了，孩子就又开始内疚了。接着，内耗的循环又开始了。让孩子想清楚再答应，小到明天能不能早点起床，大到是不是明天去上学，都想清楚再答应，不要随口承诺。

家长也要允许孩子拒绝，尽量不要在孩子拒绝后尝试反复去说服孩子。要知道反复说服孩子，孩子就算最后妥协了，也只是表面应承，很快他就会使出拖延战术、回避战术，不会真正去做。能开口拒绝，其实是孩子减少"内耗"的有效一环，毕竟真实表达自己的想法，肯定好过让各种想法在心里打架。

放弃过度承担，不再做全班的"心理医生"

"我是全班同学的心理医生。"这是一个十四岁孩子的原话。她的班级中，无论哪个同学不开心，都喜欢来找她聊天，她也总是很耐心地听对方发牢骚，表达郁闷和不爽。她说："我似乎有一种天生的能力，就是跟谁都能聊得来，察言观色的能力也很强，总是能找到对方最感兴趣的话题。"在班上无论多横行，甚至敢公然怼老师的同学，都愿意跟她说话。

有的女孩子不开心就只会哭，一句话也不说。遇到这种同学，她也觉得棘手，但她一定不会不耐烦，而是安静地陪伴对方，轻轻地问："发生什么事了？谁惹你了？"直到哭得梨花带雨的女孩破涕为笑为止。

她有一套成熟的理论：**第一，倾听是人际交往中最重要，也是最有效的**。她说："我爸妈总是反复跟我讲道理，说了几百遍，真的没用，最主要是倾听。"**第二，要认真观察对方，知道对方的喜好和性格，对不同的人要以不同的方式说话。**

最令人不可思议是，她曾经找过心理医生咨询，谈着谈着，对方便滔滔不绝地谈起了自己失恋的经历和故事，在她面前啪嗒啪嗒掉眼泪，她还要反过来安慰对方。听着她侃侃而谈，我总怀疑她真的学过心理咨询相关课程，对于许多心理咨询技巧，她都烂熟于心。然而完全看不出来，她患有严重的抑郁，一度想要自杀。这便是过度承担的孩子，最终因为不堪重负，彻底压垮了自己。

🌿 她怎么可能抑郁

父母在得知她的情况后，反复说的一句话是："我们做梦都没想到她会得抑郁症，她一直那么懂事，那么活泼开朗，怎么可能呢？"

其实，即使换作任何一个心理医生，每天连续不间断地做心理治疗，努力关注对方的言谈举止，除了睡觉没有时间休息，这样持续几年或者十来年，没有督导和心理支持的话，估计也会离抑郁不远。更何况是一个十来岁的孩子，她没有经过专业训练，不懂得如何保护自己，仅凭血肉之躯，去试图温暖身边的所有人，早晚会将自己抽空，或者冻僵。

不过这样的孩子，在世俗的眼光中却是最被提倡、最为大家称赞的。正如她的父母所说的那样，孩子懂事、乖巧，不需要操心，积极上进，性格开朗。这妥妥的是"别人家的孩子"，只要在人前，永远充满阳光，像小太阳一般温暖所有人。

🌿 人不可能永远是"太阳"

有没有人没有任何阴影，永远阳光灿烂？其实一个只能各方面都优秀，只能展示自己好的、积极乐观一面的孩子，是非常辛苦和悲哀的。他们阳光背后的另一面，是不能轻易示人的，要小心掩藏和伪装。

别人知道他们原来没那么乐观,没那么积极开朗,会不会继续喜欢他们呢?

父母知道他们实际上没那么完美,会不会伤心失望呢?朋友知道自己也有郁闷、难受的时候,会不会离自己而去呢?思虑再三,权衡利弊,还是继续伪装比较保险。

伪装久了,连自己都会相信自己真的就是小太阳。能骗过自己,是欺骗的最高境界。身边的人当然更加坚信,这孩子天生如此,或许他就是太阳的孩子。谁都可能抑郁,唯有他不可能抑郁!

感受不到"疼"的孩子

这类孩子大部分都有自残、自伤的倾向。他们会用刀在手臂上一刀刀划开皮肤,看着血流出来,据说有一种释放的快感。我问他们:"划在自己手臂上,不痛吗?"他们摇摇头:"我看自己流血,一点感觉都没有。"

上文提到的那个孩子就说:"我最看不得别人难受,别人受伤,人家的手要是划破了,我肯定心疼得要死。"我问:"那如果伤在你自己身上呢?"答:"无所谓,真的没感觉,习惯了。"

看到别人难受,他们会不假思索地安慰;面对自己的痛苦,他们无能为力,只是默默忍受。当他们只有一百块钱的时候,可以全部给对方,宁愿自己挨饿。他们的人际关系中,只有别人,没有自己,这是一种"畸形"的忘我精神。

在人际关系中,最关键的是处理自己和他人的关系。好的人际关系，必须有自己也有他人，这样的关系才是健康的，也才能长久维持。关系中只有自己，便是以自我为中心，自己为所欲为，不管对方舒不舒服。关系中只有对方，便是自我牺牲，自我付出，对方是满意了，自己到头来却精疲力竭。

这是人际关系的两个极端，都潜藏着危险，都不可能拥有长久的、舒服的关系。

❦ 被压抑的"自我"

两个极端之间能够相互转化。忘我太久，那个被压抑的"我"总会想办法冒出头来，讨回公道。在临床中，常会见到这样的情况：原本父母口中最懂事、乖巧的孩子，某一天突然发现有一个方法能够吸引身边的人关心自己，满足自己的需要，于是兴奋异常。

这个方法可以是每一次不经意间提到的"自杀"，也可以是前文提到的自伤、自残行为，比如一言不合就划手臂；可以是身体的病痛，比如头疼、头晕、胃痛；还可以是某一次在家中大发脾气，把家闹得鸡犬不宁。

压抑许久的他们，内心就像蛰伏着一头被豢养许久的猛兽，正等待着为自己过去所受的委屈找到一个发泄口，此刻的他们就像完全变了一个人似的。

原本事事为对方着想，生怕别人不开心的孩子，突然变得霸道无理，只要稍不满意，便会大哭大闹，甚至以自杀相要挟；原本从不拒绝任何人的要求，有求必应的孩子，突然变得冷血而自我，除了自己，不在意任何人；不容许身边人对自己有任何指指点点，哪怕父母批评一句，他们都能将自己在房间里关一天，不吃不喝，直到父母心软妥协。

🍂 每个孩子都有阴暗面

真正的心理健康，不是从来不会伤心、难过，而是能够恰当地处理和表达自己的情绪。真正乐观的孩子，不是从来不会颓废和失望，而是面对挫败和打击，能够重新获取能量，再次出发。

真正好的家庭教育，不是让孩子没有负面情绪，而是孩子能够没有负担地跟父母表达自己的阴暗面，相信父母能够给予自己支持，共渡难关。

每个人都有阴暗面，这并不可怕。可怕的是将这头阴暗的野兽关起来，对它视而不见，拼命用阳光、正面掩盖它的存在，让它在不知不觉间成长壮大。

阳光与阴暗，往往只是一线之隔。

要让孩子明白：五种不可取的情绪处理方式

青少年最常见的心理问题是什么？一定是情绪问题莫属。无论是焦虑、抑郁，还是暴躁，都与情绪相关。孩子情绪不好了，却还要求他们动力十足地去学习，这显然不太现实。

不会处理情绪，甚至根本不清楚自己当下处于什么情绪状态，这是青少年面临的最大困扰之一。人们所熟知的，也是家长最担忧、最不安的情绪宣泄方式就是自伤。我问过很多孩子，是什么原因让他们想要划伤自己？得到的大部分答案都是："痛了，血流出来了，心里就舒服一些"。我接着问，还有其他能让自己放松或舒服一些的方式吗？孩子往往会思考良久，接着回答："好像没有。"

青少年正处于发育期，身体迅速发育会带来激素的不稳定，这也是他们常常情绪不稳定的主要原因之一。经常听到大家说"暴风骤雨"的青春期，这种说法绝不夸张。在这一时期，家长帮助他们学会表达情绪，处理情绪，就显得尤为重要。在此之前，家长有必要了解一下青少年那些根本不能解决问题的情绪处理方式。

❧ 过度压抑情绪，往往适得其反

接诊时我常会碰见这样一类孩子，他们经常会莫名地情绪崩溃。比如坐在教室里，突然开始流泪，而且一发不可收拾，眼泪甚至持续半小时止不住地往下掉，像是决堤的大坝。即使拼命地告诉自己忍住、忍住，到头来也无济于事。

这当然会吓坏身边的老师和同学，好好的怎么突然就哭了起来？谁得罪你了吗？考试考差了吗？但孩子只是流泪，一句话也说不出来。

我还碰到过平时聪明、乖巧，一直是老师眼中好学生的孩子，某一天因为上学迟到，老师像惯常教育其他同学一样批评了他一句："这么晚来，还不如不来。"他便用脚狠狠地踢开教室门，转身跑出教室，留下老师和同学一脸懵。这些孩子平常看起来与其他同龄孩子无异，上学、放学，该做什么做什么。甚至事后他们也对自己的情绪感到费解："我怎么会这样呢？""最近真的没发生什么事情，都跟之前差不多呀。""我现在有点害怕自己的情绪了，不知道它什么时候会爆发。"

为解开这些孩子的困惑，我常这样跟他们打比方：你面前有两个杯子，往两个杯子里装水，一个杯子底下有个小洞，上面一直装，下面会缓缓地漏出去；另一个杯子质量非常好，滴水不漏，上面也一直装。这个滴水不漏的杯子，总有一天会因为装不下了满溢出来，然后一发不可收拾地往外溢。这些孩子的负面情绪，就像被装在一个密不透风的杯子里，不断增加，不断增加，终于有一天不堪重负，倾泻出来。**导致情绪最终爆发的，可能就是那小小的一滴水。**

你若是问这类孩子，心情不好时他们一般会怎么办？他们会很困惑地望着你说："什么怎么办？憋着呗。"很多孩子还真就是这么处理的，压抑情绪，让时间处理一切。等压抑习惯了，似乎也就不觉得难受了，每天的日子还是照常过。甚至他们并不觉得自己是在"负重前行"，因为时间久了，那些负面情绪也就消失了，好像也就与自己无关了。

直到某一天，那些无法预知的情绪突然倾泻而出，把这些孩子打了个措手不及，彻底让孩子懵了。

🌸 转移注意力，只能短暂麻痹自己

若是问家长们最头痛，也最不能接受孩子的行为是什么？一半以上的家长绝对会说是玩手机、玩游戏。

事实上，越是状态不好的孩子，越爱玩手机或游戏，甚至很多休学在家的孩子，几乎完全过上了与手机、与游戏为伴的生活。我曾接诊过一个在家玩了两年游戏，几乎闭门不出的孩子。父母说他不思进取、自甘堕落，将来肯定要啃老。他对父母爱搭不理，后来干脆除了吃饭，完全不出房门。后来家人才知道，他当时已经有了很严重的抑郁症状。这个孩子每天只有通过打游戏消磨时间，才能让自己摆脱痛苦，此外再也找不到让自己好受一点的办法了。

时间长了，各类游戏也都打了个遍，游戏没了吸引力，他就挂着游戏看别人打，这样也能让心里舒服一点。他说："那两年，如果没有游戏，我都不知道自己能不能撑过来。"

这里要特别澄清，举这个例子并不是为游戏开脱，认为青少

年玩游戏应该提倡。而是想让家长知道，在某种程度上，玩游戏、玩手机只是一个表象，背后有可能是孩子为了转移注意力，让自己不用面对难受的情绪。所以，当孩子过度沉迷游戏或者手机的时候，家长也可以多观察孩子的心理状态是否健康。同时让孩子明白，转移注意力只能短暂麻痹自己，只有培养自己勇于与负面情绪交锋的能力，才能收获处理情绪的最佳方法。

逃避现实，情绪依然还在

"不管遇到什么事情，睡一觉就好了。"这样处理情绪的人，往往会被认为是性格豁达的体现。只要不开心便睡觉，天大的事情，一觉醒来什么都忘记了，什么都过去了。青少年中也有这类非常"嗜睡"的孩子，只要不开心就睡觉，睡得昏天黑地。上课能睡，在家能睡，坐着能睡，躺着也能睡。有的孩子甚至一天睡十五六个小时，却依旧哈欠连天。

无论外面发生天大的事，无论父母对他上学的问题多么焦头烂额，为他的前途多么忧心如焚，他都可以安然入睡。我时常觉得奇怪："他们真的睡得着吗？"他们对这个问题觉得更奇怪："怎么可能睡不着？我只要想睡，随时随地都能睡着。"他们的身体好像启动了冬眠机制，只要一声令下，便能全身休眠。只要睡着了，就不会难受，就不会焦虑，也就不用思考怎么解决问题了。这类孩子表面看起来对什么都无所谓，大大咧咧的，但往往内心却焦虑得不行。

为了不让自己焦虑，他们只好选择睡觉。他们说："想到未来和前途，就会觉得活不下去，睡觉会觉得很踏实。"只是人总不可能一直睡觉，总要面对现实，总要有处理情绪的那一天的。

🍂 跟情绪讲道理，看似合理，其实不然

跟情绪讲道理，是使用频率非常高，应用人群非常广的一种方式，甚至在某种角度上说，算是人们相对提倡的情绪处理方式。在心理学上，有一个专业术语，叫作"理智化"。用理智的、讲道理的方式来处理一切问题，包括情绪。如同人们熟知的各类心灵鸡汤："开心也是一天，不开心也是一天，干吗不开心地过好每一天呢？""干吗要用别人的错误来惩罚自己，想开一点。""我不能生气，生气对解决问题没有帮助，还浪费时间。""有那个功夫去伤心，我早就又做一套习题了。"

通过反复给自己"洗脑"式地讲道理，成功地将自己的情绪遮掩过去，然后马不停蹄地投入到应该做的事情当中，这种处理情绪的方式在男孩当中尤为常见。迫于"男儿有泪不轻弹"的压力，在社会价值观里，男性过多流露情绪会被视为"不成熟"的体现。因此，**时刻告诫自己保持理智，成了男孩成长的必修课。**

很多孩子讲述自己的悲伤遭遇时，完全没有任何情绪流露，就像是在讲别人的故事一般，冷静理智得天衣无缝。他对全部人都表示理解，说大家都有苦衷，都是不得已。然而隐隐之中，能够明确地感受到，这些事情在他的内心中没有翻篇，还在持续地影响着他。

情绪没有机会表达，甚至可以说情绪的当事人不允许它出现，

只要它一冒头，主人就立即用理智的大棒将它打压下去："安静点，不要捣乱！你出来也对事情没有帮助。"在这种情况下，情绪只能灰溜溜地低着头躲起来，像个见不得人的怪物。

就如前文说的，情绪可不是那么容易对付的，它会想尽各种办法证明自己存在。只要一有机会，情绪就会出来蹦一蹦，跳一跳，让你摸不着头脑。虽然你总觉得哪里不对劲，但又说不出个所以然。理智化这种方式，实际上是对情绪的另一种形式的压抑，只不过它在表象上显得更为合理，甚至有些冠冕堂皇，以至于人们往往会忽略了它所带来的负面影响。

❀ 看似没问题，但"情绪躯体化"暴露了内心

很多厌学的孩子，最开始的表现都是莫名地肚子疼、头痛、胸口闷，于是看消化科、神经科，拍心电图，反复看病，对症吃药，却就是不见好转。最后没办法，家长才考虑是心理问题。其实哪里是身体问题，分明就是压力过大，过度焦虑，引起了躯体反应。

肠胃属于外周神经，是对情绪波动感受最敏锐的器官。"一旦心情不好便吃不下饭"，就是最好的佐证。头痛、胸闷甚至手抖，都是类似的原理。有的孩子一到考试就发烧，而且是真的发高烧，生病的时机挑得非常好。我问他们："你害怕考试吗？担心自己考不好吗？"得到的回答大部分是："不害怕呀，我考试不紧张，很淡定的。"我点点头，心想：或许是你的身体替你紧张了，所以你的大脑感受不到紧张。

很多孩子不了解自身的情绪，往往是身体都有明显的"压力反应"了，还坚持认为自己没有压力。我常跟他们开玩笑说："你们的身体心疼你，向你呼救，让你注意到自己承受的压力，提醒你要对自己好一点。"

身体总是敏感而诚实的，人们可以有意识地用大脑左右情绪，却无法避免情绪影响神经系统，避免身体表现出症状。

上述几种情绪处理方式，不一定都是错误的或不必有的，例如，每个人也经常会用到"逃避情绪，转移一下注意力"的方式。当人们面对无力改变的现实时，也偶尔会跟自己讲讲道理，让自己想开点。

之所以让孩子知晓这几种不可取的情绪处理方式，根本原因在于他们处理情绪的方法往往是错误的，而且不够全面，其方式太过单一，太过刻板。也就是说，自伤的孩子会一直用伤害自己的方式来处理情绪，压抑情绪的孩子会一直用压抑的方式处理情绪；而用理智化方式处理情绪的孩子，只要感觉到自己有情绪，便会跟自己讲道理，让自己保持冷静。这种单一的处理情绪的方式，非但没让情绪问得到真正的解决，还会导致整天闷闷不乐，让各类情绪充斥在大脑里。在这种情况下，想要轻松地投入学习，基本是不可能的。

给情绪一个出口：合理宣泄情绪很必要

任何负面情绪其实都不可怕，可怕的是人们对它的漠视和无能为力。

没有人永远处于好心情之中，大人们或多或少都会遭遇挫折和打击，都会有不如意的时候，更不用说青少年了。孩子们的情绪会因为身体发育引起的激素紊乱等原因，显得更浓烈而夸张。偏偏十几岁的孩子又正是缺少经验，缺少情绪应对技巧的时候，这颇有点"屋漏偏逢连夜雨"的味道。

负面情绪过度积压，不仅影响孩子的身心健康，也消耗着孩子们的精力。 一个内心充斥或压抑着无数负面情绪的孩子，不可能得心应手地投入学习。情绪占据着他的大脑，让他无法冷静思考，无法全身心地投入学习。

大多数孩子处理情绪的方式，要么忍着、硬撑着，要么试图放在一边，假装看不见，但这些方式都不能有效地处理情绪。堆积的负面情绪需要有合理的宣泄方式，这样才能健康地处理和消化掉。

🍀 "霍桑效应"（"宣泄效应"）

心理学上有一个著名的实验，叫作霍桑实验。实验在芝加哥郊外一个叫霍桑的地方，那里有一家制造电话交换机的工厂。在工业革命蓬勃发展的时代，各个工厂主都在努力提升生产效率，

加法孩子
激发学习内驱力的秘密

调动工人的积极性，毕竟效率就是金钱。这个工厂也把能做的都做了：员工生活和娱乐设施都很完善，社会保险、养老金也都有相应的保障，工资待遇也很不错。问题在于工人们的生产积极性却不高，产品销售也是成绩平平。面对这种情况，有远见的厂长想到找哈佛大学的专业团队帮忙。

哈佛大学心理学系派出了梅奥教授带领的一个专家组，对这件事情展开调查，并且开展了一系列实验。实验结果出乎所有人的意料，甚至对企业经营管理都产生了巨大的冲击。在这一系列实验中，有一个"谈话试验"，做法很简单，就是让有心理学专业背景的专家，挨个找工人们单独谈话。实验开始时，专家们也没期望能有多大效果，只是本着试试看的心理，去发挥自身专长。不过这种谈话还是有别于普通闲聊，主要是专家能够耐心倾听工人们对厂方的各种意见和不满，并做详细的记录。还有很重要的一点，就是专家不反驳工人们的意见，只是倾听、记录和总结。

让人惊奇的是，在实验进行的过程中，工人们的工作积极性已经有了大幅提高，工厂的效益也达到前所未有的程度。这看似"无心插柳柳成荫"的"谈话试验"，其实是给了工人们一个情绪出口，让他们把内心的不满都充分地宣泄了出来，从而心情舒畅，工作充满了干劲。

孩子的学习动力和效率，其实很多时候跟工作效率的特征非常相似。通过这个实验，也能得到很多启发：**有时候需要给孩子一个情绪的出口，让孩子自己学会合理调节和宣泄情绪。**下文也会介绍几种宣泄情绪的方法，供家长和孩子们参考。

🌿 "肚子痛"的背后是积压已久的情绪

我曾经接诊过一个莫名其妙肚子痛的孩子，这个才上六年级的小男孩，总是不明原因地肚子痛，这种症状已经持续了好几个月。父母带他去做肠胃检查，把能做的检查做了个遍，结果什么问题都没发现。医生还试着给他开了治疗肠胃病的药，但也一点没有缓解他的肚子痛。

这个孩子天天被肚子痛折磨得没办法正常上学，有时候痛得连觉都睡不了。就算好不容易睡着了，也会半夜痛醒。吃东西更是小心翼翼，生怕一不小心就惹恼了脆弱的肚子。孩子原本喜欢的运动也不敢坚持了，稍微跑一跑，就觉得肚子又不舒服了。十来岁的孩子整天病恹恹的，几个月下来人都瘦了一圈。

父母实在没办法了，才想到带孩子看看心理和情绪问题。其实孩子的情绪积压，早就有迹可循。孩子学习成绩一般，但父母特别是爸爸对他的期望特别高，管教也非常严而且细。加上孩子有点多动特质，注意力常会不自觉地分散，在学校也常被老师批评。平时在家中，当父母对其进行教导而他却充耳不闻时，父母便会对他施加打骂。孩子也从不解释，只是咬着牙承受。神奇的是，第二天孩子又像什么事都没发生过一般，正常地跟父母说说笑笑。父母都觉得他挺没心没肺的，对他的教育更是铁拳出击。

遗憾的是，即便孩子每天很用心地学习，他的成绩也丝毫没有起色，反而还下降了。有一段时间，孩子一写作业就肚子痛，早上要起床上学，孩子就肚子痛得在床上打滚。父母这才慌了神，意识到事情不对劲。

这对父母回忆说，他们的孩子似乎从来没说过自己开不开心，在学校有没有烦恼，对他们有没有意见，大部分时候除了写作业，就是待在自己房间里。他跟同学也就是打打闹闹，很少聊心里话。孩子看起来很乖巧，却又看不透他的内心。

在跟孩子沟通过程中，他似乎鼓起来很大的勇气对我说："我其实很怕我爸爸，很怕做错了什么，他又会骂我。"他内心其实很希望能够考出爸爸满意的成绩，但却又总是力不从心。了解情况后，爸爸很郑重地跟孩子道了歉，并且向他保证，之后遇事会平心静气地跟孩子沟通，承诺不再打骂他。爸爸说："我看到孩子眼泪在眼睛里打转，强忍着眼泪，但明显也松了一口气。"

孩子的情绪释放了，整个人放松下来了，肚子痛也一天天缓解了，也能够正常睡觉，吃饭胃口也好了起来。从这个案例可以看出，**家长要善于做减法，减去那些不合时宜的行为和做法，孩子也就自然会给自己做加法**，比如学习一些合理的情绪宣泄方式，这对每个青少年都至关重要。

❦ 五种有效的情绪宣泄方法

（1）倾诉法

心理学研究认为，很多有心理疾病的人，大都不喜欢向他人倾诉自己的心事，这直接导致他们的情绪不断积压，心理负担过重。**据相关调查显示，朋友多的人，其寿命通常比没有朋友的人要长**，这也从侧面证明，适当宣泄情绪有利于身心健康。

心理治疗大部分都是采用"谈话疗法"，这种方法看起来没什么技术含量，但实际上语言表达是最直接、最有效的情绪宣泄方法。如果能够有一个人，有一个地方，让孩子可以感觉到安全、毫无顾忌地表达内心的想法和情绪，这本身就是一种疗愈，即使这些想法和情绪是负面的、阴暗的，也没关系。

但是很多孩子在向朋友倾诉心事时，会有各种各样的顾虑。他们宁愿作为垃圾桶听别人倾诉，却对自己的心事讳莫如深，担心自己的负面情绪传递给对方，担心麻烦别人，害怕自己的秘密被说出去……

其实这些顾虑都大可不必，人跟人之间，恰恰是因为分享秘密和心事才走得更近。

(2) **实物宣泄法**

心理学研究认为，通常内心压抑都会产生无法处理的"攻击性能量"，这种负面能量就像人体内的毒素一般，停留在体内，对人体有害。最好的办法就是以一种恰当的方式，将其宣泄出去，就像人们排除身体的有害毒素一样。这种所谓的"攻击性能量"无法向外宣泄的时候，很容易转变为对内的自我攻击，进而造成新的情绪伤害。

在负面情绪下，有些孩子会选择自伤、自残这种自我伤害的方式来处理情绪，是因为他们没有把负面的攻击性能量宣泄出去的对象，只能把自己的身体作为对象。

安全的宣泄法，最好是选择"非生命体"，比如沙袋、橡皮人、枕头等，对它们奋力击打，直到打得满头大汗，让情绪得到充分宣泄。另外，也可以找个能大喊、大叫的空旷地方，充分释放压抑的情绪。

（3）运动法

心理学研究发现，运动——特别是各类有氧运动，不仅能够强身健体，还能让人的身体在运动时获得新的感受，进而让人忽略自身的情绪问题。运动时大脑会分泌使人愉悦的多巴胺，让人们身心舒畅，它还能帮人们释放多余的紧张和愤怒。

不论是跑步、自由搏击、跳绳还是步行，定期的体能训练有助于调节血压，控制情绪和压力水平。运动不拘于形式和种类，只要是自己喜欢的、好操作的，都是好的选择。就像瑜伽，从作用方面不一定就比广场舞更高明，跑步也不一定适合所有人，但只要是动起来，就有调节情绪的作用。

需要提醒的是运动不是完成任务。逼着孩子去运动，很多时候达不到积极的效果。合适的方式是从小带孩子接触各类运动，找到孩子喜欢且能够带来愉悦感的运动类型，这样在孩子情绪低落时才能派上用场。

（4）写情绪日记法

这是一个非常传统的方式，准确地说应该叫作"写情绪日记"。在孩子情绪糟糕时，可以让孩子花一点时间把情绪和感受都记录下来。

把情绪写下来，是一种自我情绪梳理。因为情绪脑和理智脑运作机制不一样，它没有逻辑，没有规律，更像一团糨糊。当情绪憋在心里，塞在大脑里，就会像一团乱麻，占用了大脑的空间，赶不走也理不顺。但是写下来后，它们就被摊在了纸上。看不见、摸不着的情绪，也就通过文字这一载体，成为能够被觉察和理解的东西。这种方式有助于孩子捕捉自身情绪，进而跟情绪对话。

通过写情绪日记，孩子可以站在旁观者的视角，更理性、更全面地分析和审视困扰自己的情绪，而不是被情绪控制，慌乱地行动。通过写日记的方式记录自己的情绪，回归理性后会发现，自己的那些负面情绪在不知不觉间消失了。

(5)"艺术方式"宣泄法

人的大脑分为理智脑和情绪脑，而艺术的表达方式，是跟情绪脑处在同一个脑区，所以用艺术的方式宣泄情绪，比跟情绪讲道理更有用。例如，画画、雕塑、书法、舞蹈等，这些活动不太需要理性的参与，主要依靠情绪流动来表达，因此是很好的宣泄情绪的方式。时常听一些孩子说，烦躁的时候什么事情都不想做，但能画画，画着画着，心情就平静下来了。

注意，这里的画画、舞蹈、音乐，都不是要让孩子做得多好、多专业，哪怕就是"鬼画符""群魔乱舞"都没关系，孩子能沉醉其中去表达最为重要。

心理治疗中，沙盘治疗、舞蹈治疗、音乐治疗等，都是根据情绪脑的特点发展出来的治疗方式，效果跟谈话疗法不相上下。因此，平时多让孩子培养一些艺术爱好，不是为了比赛，也不是为了培养特长，而是为了给孩子多提供一些处理情绪的方式，可备不时之需。

授之以渔：让孩子学会管理情绪

情绪管理，一直是困扰家长和孩子的卡点之一。明明告诉自己不能发火，事到临头，却是"一点就着"。

很多时候，无论是家长生完气、骂完人后，还是孩子在情绪失控大闹一场后，都会后悔，觉得自己太冲动了。家长可能意识到自己说了不该说的话，砸了不该砸的东西，让事情愈发糟糕；孩子也会为自己的任性、撒泼等行为懊恼。反复的争吵和冲突，会把亲子关系弄得很僵，家庭氛围也因此变得无比压抑。下面就以愤怒情绪为例，分享一些控制、管理情绪的有效方法，供家长和孩子参考借鉴。

❦ 承认负面情绪

坦然承认自己的负面情绪，对每个人来说都是个不小的挑战。人们很容易接纳自己的开心、放松、兴奋等情绪，因为它们是正面的，是所有人都喜欢的。谁能拒绝一个满脸笑容、整天乐呵呵的人呢？相反，大家似乎都不太欢迎愁眉苦脸、怒气冲冲的面容。

很多时候，家长和孩子都并不太能觉察自己的负面情绪："谁生气了，我才没有生气，我只是看不过去！""我哪有失望，我一点都不失望，考多少分我都对自己有信心！"结果就出现了口不对心的局面，明明眉头紧锁，声音里满是怒气，但自己却一点都不觉得。

　　这样的情况下，行动就很容易被情绪控制，管理情绪也就无从谈起。就像打仗一样，敌在暗，我们在明，就很难有的放矢，大概率会被对方牵着鼻子走。负面情绪也是情绪的一种，当然有其存在的合理性。无论家长还是孩子，都要及时觉察自己的情绪，怒气、委屈一涌上来，赶紧坦白。拿起纸笔，通过文字或者录音，把感受记录下来。要知道，仅仅坦诚道出引发情绪的缘由，就能够起到缓解情绪的作用。同时，也要让孩子知道有情绪不压抑、不否认，坦然去面对，才是正确疏导情绪的办法。

❧ 愤怒时可先暂停并深呼吸

　　愤怒的时候，最紧要的不是立即强迫自己"不愤怒""冷静下来"，而是在大脑中画个"暂停"符号，让自己停下来。

　　这并不是说让自己不生气的想法不对，而是因为这个目标太难实现。从愤怒到不愤怒，一般人很难在短时间内实现这种转变，对孩子来说则更难。更何况在愤怒状态下，人是完全失去理智的，处于被情绪裹挟的状态，想让自己立即掉头，未免有些强人所难。

　　相比之下，踩刹车就比掉头要简单得多。人在气头上时，最好的办法就是从对抗中抽身，不管谁对谁错，不管有多生气，先停下来再说。

　　这种策略在亲子冲突中比较常用，双方适当地暂停休息，直到有一个人冷静下来。想要发火时，告诉自己停一下，等一等。配合着缓慢、深沉的呼吸，让自己平静下来。闭上眼睛，数到十，再回到现实看看：你还有那么生气吗？如果还是生气，就再深呼吸十秒钟，直到完全停下来。

🍃 "被动攻击"不可取

在愤怒管理出现问题后，很多人会进入"被动攻击"模式。什么是"被动攻击"呢？这就要结合"主动攻击"来理解了。"主动攻击"就是你打我一拳，我还你一拳。甚至你还没动手，我就先下手为强。"被动攻击"则是我不动手，但是我会想其他方法，让你不爽，让你郁闷。

这样的情况下，情绪是压抑在内心中的，一般人看不出来。最常见的一个方式便是"冷战"。我不骂人，不打人，甚至脸色都不变，但我就是"不理你"。

其实这属于"伤敌一千、自损八百"的方式。一方面，情绪的积压会让自己压抑、内耗，另一方面，遭遇冷战的一方会极端不安、焦虑。最关键是，很多时候对方根本不知道发生什么了，一头雾水。

平静而不是攻击性地表达自己内心的感受，是消化情绪的良药。告诉对方，他的什么做法让你感受到被忽略、被孤立，然后双方达成相互理解。如果是面对孩子，也需要告诉他，诸如不跟父母沟通，把自己关在屋子里，说话不算话一类的行为，会让你内心很不舒服。

家长只有这样真诚地沟通，才能让孩子逐渐掌握管理情绪的技巧，因为真诚的情绪表达，才是化解矛盾的关键。

🍁 探索负面情绪原因

愤怒的滋味当然是不好受的,它会让大脑充血,整个人好像要爆炸一般。然而从另一个角度讲,愤怒是身体的一种信号,说明什么地方出了问题。

例如,对方不小心触及你的底线,你会感觉自己的边界被侵犯了而恼怒吗?又如,对自己的期望过高,你屡屡失望,并会因此愤怒不已吗?跟朋友之间的沟通方式出了问题,让彼此总是有诸多误解,然后争吵不断吗?

停下来想想这种感受是怎么来的。问题究竟出在哪里。总而言之,不能让自己白白受苦,要搞清楚情绪的来龙去脉,找到自己愤怒的症结,随后才能解决问题。要知道,反复出现争吵和冲突,再亲密的关系,也终会有产生裂痕的时候。愤怒的意义在于督促人们面对问题、解决问题,想办法扭转局面,或防止它再一次发生。

🍁 负面情绪状态下,要善于"自我抽离"

这也就是人们熟知的:不在愤怒时做决定。

愤怒时,一点小事就能让人暴跳如雷。人的理智在此时几乎为零,无法正常思考和判断。处于极端愤怒状态下,人最常见的做法就是相互攻击,说最狠的话,戳对方最痛的地方,仿佛对方完全不是自己亲近的人,而是最恶毒的敌人。怎么能伤害对方,怎么能让对方痛苦,愤怒时就说什么。

面对伤害自己的同学和家长时，也同样如此，愤怒时恨不得用最难听、狠毒的话语当作利箭刺穿"敌人"，只是说出来的话再也收不回。但父母、同学不是真正的敌人，不可能今天说了狠话，明天就老死不相往来。恰当的方式是先让自己从情绪中抽离出来，冷静下来再说话。

当火药味太浓，"战争"一触即发时，要让孩子学会迫使自己停下来想清楚，然后再做回应，这才是上上之选。实在无法保持冷静思考时，可以暂时离开愤怒的环境，留出时间自我消化。转换环境，能够让孩子从事件中快速抽离出来，有效平复情绪，防止在愤怒时做出令自己后悔的事情。所谓"冲动是魔鬼"，这句话一点都没错。先让内心的"魔鬼"平静下来，恢复理智了，再处理问题。

记录点滴感恩

研究证明，记"感恩日记"有助于削减压力、平静身心。当然，这不是要求人们在极端愤怒、特别伤心的时候，去想对方对自己有多好，自己多么幸运，应该多么感激遭遇的一切，这样太反人性了。

人在愤怒、伤心和焦虑时，全副身心都会集中于自身感受，基本不可能站在对方的角度考虑问题。想到对方的时候，也只会想到他们面目多么可憎，对你多么不好，这是人之常情。这种情况中隐含着一个陷阱，就是让人们继续沉浸在负面回忆中，不断攻击对方，同时将自己放在"受害者"的位置上。最终，自己痛苦，对方也受到了很大的伤害。

"感恩日记"一定要在平时写，有规律地记录，每周两三次就行。花点时间，把你感激的人、事、物记录下来，比如健康的身体，投缘的好朋友，还算不错的家庭……用笔记记录在本子上，或者打字记录在电脑里、手机上，而非仅仅停留在头脑中。头脑中的念头总是转瞬即逝的，下一刻就很可能消失，因此影响有限，写下来的东西往往更深刻。在愤怒的间隙，特别是感觉到受伤害的时候，翻一翻这些记录，或者猛然间想到这些片段时，就会像打了一针强心剂，能够实现有效的思维转换。

把注意力放到那些美好的事物上，是放过对方，也是放过自己。督促自己把注意力多投放在美好的事情上，是一种有效的思维训练方式，假以时日，人们看待问题的方式也会在潜移默化中改变。

❀ 培养冥想习惯

"冥想"这个词，虽然听起来有些高深、有些专业，让人觉得很难操作，其实不然。"冥想"一词最早是从瑜伽练习中而来，指将所有注意力都专注在某一事物上的状态。例如，把注意力全都集中于呼吸上，或者默念自己呼吸的次数，或者两耳静听自己的呼吸声，等等。

冥想中，有一种"观心自静法"，即用自己的心去观看、体察、分析自己的思绪杂念，任杂念思绪流淌，不加干涉，久则自归于静。冥想有点像自由联想，任思绪和感受飞舞，不评价，不批判，也不干预自己的任何想法。就像是任凭水流过指尖，不要试图抓住流水，因为本来也抓不住。通常来说20分钟的冥想就足以对抗情绪的负面影响。即使是刚刚接触冥想的人，也会有意想不到的效果。

研究表明，进入冥想状态时，再回想发生的事情，参与者的呼吸会更为平缓，心率会减慢，血压也会下降，这些都是身心放松的标志。无论是家长还是孩子，只要勤加练习，就能将冥想培养成一种习惯，慢慢驯服自己的情绪。

及时清理怨恨

密歇根的霍普学院做过一项研究，发现在对某人心怀愤恨时，志愿者的血压会升高，心率也会加快。而原谅了此人以后，即便只是理智上原谅，他们的血压和心率也会降低。换句话说，如果一个人冒犯到我们，而现实条件又不允许我们反击的话，尝试原谅、放下，是一个更明智的选择。这不是为了对方，而是为了我们自己。

长时间在内心中怀着怨恨，对人们的血压、心率都有负面的影响。也就是说，即使当事人不在眼前，只要我们内心持续抱怨、愤恨，对我们身心的消极影响也会持续存在。如果实在做不到原谅，也可以选择把这个人放在一边，封存起来，跟对方划清界限，确保对方不会继续伤害自己。反之，如果总是把怨恨放在心里，就是在对方伤害自己的基础上，继续进行自我伤害，得不偿失。

与此同时，只有合理地管理情绪，别人在跟我们相处时才能够更舒服，更喜欢我们。当然，让孩子学会管理自己的情绪，不仅仅为了跟同学、跟朋友关系更好，跟老师相处融洽，跟父母沟通愉快，归根结底是为了孩子自己的身心健康。负面情绪不可怕，但长期处于消极情绪的笼罩之中，人就算是钢铁，最终也会被腐蚀。尝试这些小方法，让孩子慢慢练习，时间会给他们带来惊喜。

加法 2　帮孩子构建良好的人际关系

融不进班级的孩子，学不好

"我是一滴油，融不进班级的水里。"这是一个初一孩子的原话。初听的时候，我着实被这个比喻惊艳到了。只这么几个字，立刻就有了画面感，对不对？

一滴油漂在水面上，找不到自己的落脚地，又显得那么突兀。想融入却又因为不是同一种物质，根本融不进去，只能进退维谷，左右为难，且又孤独无依。

这恰恰是很多孩子在班级当中找不到位置、融入不了集体的真实写照。

🍃 班级里的"透明人"

每个班里都有几个这样的同学，他们乖巧、听话，不哭不闹，不捣乱，不调皮，按时交作业，认真听课，不懂也不问，成绩一般且稳定。

他们看似跟所有同学坐在一个教室里，一起听着课，做着题，但其他同学对他们都不太熟悉，甚至没跟他们说过几句话。他们偶尔发声，也会很快淹没在班级的嘈杂声中。

他们小心翼翼地在班级中生存，盼望着有一天，一束灯光会打在他们身上，他们也会被注意到。

曾经一个孩子跟我说："我觉得我就是一个星期不上学，老师和同学也不会注意到，我在这个班里就是可有可无的。"她说话的时候，声音很微弱，语气中带着哀伤。在班级这样一个大集体中，同学们或老师的注意力，很容易被那些更有吸引力的孩子吸引走。

比如成绩优秀的孩子走到哪里都是老师关注的焦点；又比如经常调皮捣蛋，想方设法搞笑或制造矛盾的孩子，虽然老师天天批评他们，但却并不妨碍所有人都能记住他们。一直不被注意的孩子，时间长了，就会逐渐怀疑自己在这个集体的价值，甚至怀疑自己存在的意义。

❦ 我是"独特的"

回到前文中那个"一滴油"的比喻。这个比喻妙就妙在它不仅体现出当事人无法融入班级的尴尬，还隐含了一层意思：我是与众不同的，我是独特的，颇有点"众人皆醉我独醒"的味道。这类孩子往往心智比较成熟，凡事都更有想法和主见，兴趣、爱好也更加与众不同。

同学喜欢打游戏、追星、看动漫，喜欢讨论八卦，他们统统不喜欢，他们喜欢看书，关注时事，思考人生的意义。在大部分十几岁的孩子眼中，这些"与众不同"的爱好多少有点无聊，或者说有点"装"的嫌疑。

一个孩子曾无奈地说:"我真的不喜欢追星,听着同学们聊明星,我就是不明白有什么好喜欢的。还有两个同学因为喜欢不同的明星吵架、闹翻,真的觉得无法理解。"

实际上,他们其实不喜欢这种"边缘人"的状态。"看同学们聊得那么开心,我也很羡慕,也很想加入他们,但又不知道自己能说点什么,话到嘴边,又咽回去了。"而在其他同学眼中,他们又成了清高,看不起那些爱好"俗气"的异类,这让这些孩子多少有些进退两难。

他们一边带着些青春期孩子的"自视甚高",一边又怀疑自己:我是不是很奇怪,跟大家都不一样?这类孩子其实本身没什么大问题,他们更多的是面临"合群"和"坚持自我"的矛盾。当两个都想要的时候,就可能会两面都不讨好。

能坦然接受自己的独特,并且接受孤独,反而可能会助力他们攀上高峰。

"戴着面具"融入集体

还有一类孩子,也是最容易被误解的类型。在班级中,他们完全是一副"社交牛人"的形象,活泼开朗、兴趣广泛,基本跟任何同学都能相处得非常好。他们在人前永远是精力充沛的模样,从不沮丧,从不悲观。他们共情能力强,敏感而热心,总是能发现其他同学的需要,并且及时回应。同学们都喜欢他们,他们像"知心哥哥/姐姐"一般,不知疲倦地在同学之间转来转去,似乎乐此不疲。

任谁看了，都无法相信这样的孩子没办法融入班级吧？他们应该在班级里很有归属感才对呀？实际上，他们的心门对其他人其实是关闭的，他们没办法向其他人展示自己真实的样子，他们坚信，必须一直乐观、开朗、关心他人，才会讨人喜欢。

这是一个非常沉重的面具，但是拿下来会经历严峻的考验。万一大家不喜欢我真实的样子怎么办？万一别人觉得烦怎么办？万一大家都吓到了怎么办？于是，他们面临两难的抉择：要么继续回到班级，戴着面具，心力交瘁地生活，要么逃回家里，在自己的小房间里做自己。而一些厌学的孩子，通常是选择了后者。

🍃 融入不进班级，很难投入精力到学习上

融入班级，对孩子两方面的心理需要尤为重要，即安全需要和社交需要。社交需要不难理解，青春期前后的孩子，正是强烈需要同伴关系的年纪。有个好朋友，对他们而言可能比考出好成绩还重要。不能跟父母说的话，可以跟朋友说；父母不理解的东西，朋友能理解；朋友还能陪自己一起去做很多事情，自己就没那么拘束和害怕了。

就如一个孩子说，自己很喜欢玩动漫角色扮演，但要让自己一个人穿着扮演角色的服装走在路上，肯定会觉得很不自在，觉得别人在窃窃私语议论自己。但要是跟朋友一起，那就能完全放开，就算有人看自己，也会觉得是因为自己穿得好看。友谊的作用，有时候就是这么奇妙。

融入班级的安全需要，这部分往往是家长最容易忽略的，甚至连孩子自己可能也没有觉察到。一个孩子说，她一进到班级里，就觉得很压抑、紧张，觉得大家都用奇怪的眼神看着自己。严重的时候，她发出任何声音，都会觉得打扰了同学；开书包都必须一点点开，生怕引来其他同学的不满。事实上，大家对她真的有那么大的敌意吗？当然没有。

很多时候，根本没有人注意到她在做什么，也没有人注意到她有没有发出声音。之所以会出现这种担忧，核心就在于她无法融入班级，跟大家都没有交集，因此对同学都不了解。对于同学们好不好相处，脾气怪不怪，是不是很挑剔，讨厌什么样的人等，她一无所知。

以上这些她统统不清楚，也没有机会了解，那怎么办呢？她只能以最低的安全级别来揣测同学们，行事尽量小心，保证自己不会得罪对方。

试想一下，在这般谨小慎微之下，她怎么可能把精力都投入在学习上呢？

🌿 孩子融入班级的小技巧

（1）让孩子正视自己的社交需要

有些孩子在社交上不顺利，或者遭遇朋友背叛之后，会陷入自我封闭状态，否定自己的社交需求：我不需要朋友，我一个人过得挺好的，还自由一些。于是，就有些孩子在班级中习惯独来独往，回避跟同学、老师的深入交流，在班级中越来越孤独。

融入班级，在班上有几个朋友，对孩子真的非常重要。无论孩子怎么否认，这一需求都很难回避。青春期阶段是孩子社交需求最旺盛的时期，也是最容易出现社交困扰的阶段。这种情况下可以鼓励孩子多跟父母谈谈自己的人际交往困境。很多在他们看起来天大的社交问题，其实借用父母这些"过来人"的经验，很容易就能找到解决办法。

(2) 社交能力是可以后天培养的

在社交上或许有天生的高手，但对于大部分普通孩子而言，社交能力都是需要逐步培养，一步步提升的。一部分孩子，特别是性格偏内向的孩子，总是羡慕那些跟谁都能成为朋友的同学，觉得自己社交能力就是差，交不到朋友，并且一辈子都改变不了。

一旦给自己下了这样的判断，就会陷入一种"自证陷阱"中：我找不到话题，是我天生社交能力不行；我跟新朋友相处紧张，是我社交能力不行；我跟别人兴趣不一样，是我社交能力不行……时间一长，渐渐地就连跟同学打招呼也不敢了，自然也就交不到朋友。

其实，社交能力大部分都是可以后天培养的，多尝试、多练习，多吸取经验，学会扬长避短，在社交上自然就会越来越得心应手。

(3) 挖掘孩子在人际互动中的优势

很多孩子在遭遇人际交往困境，无法融入班级的时候，会陷入全面的自我怀疑当中，觉得自己人际交往能力不行，自己太内向了，自己性格太闷了，自己不会聊天，不会找话题……总之，自己就是注定交不到朋友。

其实，每个孩子在人际交往中都有明显的优势。例如内向的孩子，会有更精确、更全面的察言观色能力，能够安静地倾听；不太擅长聊天的孩子，可能会花大量的时间来天马行空地想象，因此他们的内心世界异常丰富，只要有信心展示出来，就能吸引其他人的兴趣。

帮助孩子挖掘他们的优势，让他们重拾人际交往的信心，看到自身的价值，再辅以良好的人际交往技巧，那么融入班级便不是难事。

孩子遭遇校园欺凌，家长该怎么引导

校园欺凌，其实比大家想象的要普遍和常见。大部分孩子，在学校生涯中，或多或少都会遭遇一些不同程度的欺凌。

浙江大学《青少年攻击性行为的社会心理研究》调查显示，87%的同学曾遭遇其他同学不同程度的暴力和欺凌。从某种意义上说，校园里的欺凌事件一直都存在，任何年级、任何班级都会有不同程度的欺负和被欺负的情况。

毫不夸张地讲，当今校园欺凌的影响比以前更加明显，孩子们的困扰程度也比以前更严重。同时，这也是一部分孩子厌学的主因。

🌿 校园欺凌的类型

先来谈一谈校园欺凌的类型，它的形式可谓复杂而多样。

A. 粗言秽语，辱骂欺辱，中伤、讥讽、贬抑受害者；

B. 打架斗殴，对受害人进行人身攻击；

C. 损坏受害者的书本、衣物等个人财产；

D. 恐吓、威胁、胁迫受害者做其不想做的事；

E. 大范围孤立受害者，俗称"不跟你玩了"；

……

校园霸凌的等级不同，形式不同，对孩子的伤害程度也有所区别。传统观念里，似乎只有动手打人才叫校园欺凌，至于取绰号，阴阳怪气地嘲讽几句，都算不得什么。其实不然，一些看不见的精神伤害，对孩子的影响更大。

以女生欺凌为例，除了肢体暴力，更多的是女生间小团体的排挤。最常见的情况是"霸道女孩"跟某个人结下了梁子，说"我不跟你玩了"，接着就要求班上的所有女生都不跟对方玩。受害的孩子莫名其妙就被全班孤立，甚至发展到谁敢跟她玩，"霸道女孩"就一起孤立谁的局面，将受害的孩子彻底架空。

这种"杀人于无形"的欺凌方式，对当事人的伤害和影响更大。孩子都有人际交往的需求，当她莫名其妙地被全班孤立和讨厌时，她应当如何自处呢？

🍃 欺凌者的心理满足

为什么会有那么多孩子成为欺凌者，他们在这个过程中获得了什么呢？

究竟有多大比例的孩子曾经加入过欺凌他人的行列呢？这个比例也是惊人的。浙江大学《青少年攻击性行为的社会心理研究》调查显示，49%的同学承认，他们曾对其他同学有过欺凌行为。这个比例接近一半，跟人们印象中孩子天真烂漫的天使模样似乎有所出入。当然这不是说所有欺凌者都是彻头彻尾的"坏人"。而是说因为他们的"无心之举"，最终会变成受欺凌孩子一生中永远的痛。

孩子成长过程中，道德观念和行为控制能力还在形成过程中，比较容易被微小的"好感觉"吸引,去欺负自己的同学。这种"好感觉"包括但不限于获得同学们的关注(同学们看热闹),在欺负他人的过程中高人一等的虚假掌控感,欺负毫无还手之力的同学带来的成就感和虚假的认可感……

通常班级中越是成绩不突出,老师、同学越不待见的孩子,越可能成为欺凌者。他们很少有机会被看见、被认同,便从欺凌这种多少有些畸形的方式中获得心理满足。大部分同学看热闹、瞎起哄的行为,客观上助长了这些欺凌者的积极性,欺凌者仿佛成了一个表演者,能够收获掌声和欢笑。

至于被欺负的孩子内心的痛苦和挣扎,欺凌者是无暇顾及的。

被欺凌的孩子为何不求助

那么问题来了,这些遭受校园欺凌的孩子为什么不发声,不求助呢?

2011年,一份针对超过700名学生的调查显示近半数的同学,会对校园欺凌选择沉默。一个较普遍的原因是对外界环境不信任,认为外部环境不友好。简而言之,很多学生认为父母、老师、同学没有人会真正帮助自己。

我问过一些遭遇校园欺凌的孩子,为什么不找老师帮忙?他们的回答一般分为两类:一类是曾经告诉过老师,老师也批评了欺凌者。原本以为问题会就此解决,没想到带来的是对方变本加厉的语言、身体攻击和威胁,他们由此得出结论,老师帮不了自己。还有一类孩子,在求助之前就已经堵死了这条路,他们认为自己成绩不好,跟老师接触不多,又不优秀,老师怎么可能帮自己?还是不说算了。

家长往往是最后一个知道孩子被校园欺凌的人。大部分家长知道孩子被欺凌,已经是在孩子出现严重的厌学情绪之后。"觉得丢脸,担心挨骂,说了也没用",这是孩子在家长面前"三缄其口"的主因。

对外界环境的不信任,导致孩子在遭遇校园欺凌时,将自己放到了"孤立无援"的位置上,由此产生心理和情绪问题也就不难理解了。

🌸 家长错误的回应方式

假设你的孩子终于鼓起勇气,告诉你他遭遇了校园欺凌,你会怎么回答和处理呢?常见的有以下三种类型。

A. **自我反省型**:为什么不欺负别人,只欺负你?你不从自己身上找原因?

B. **心无旁骛型**:别管他们,做好你自己。

C. **学习包治百病型**:好好学习,成绩好了,自然没人敢欺负你。

上面三种类型看似说法不同,却都是在用"大事化小,小事化了"的态度打发孩子。这种处理方式暗藏着危机,结果是很多孩子好不容易下定决心告诉父母自己在学校的悲惨遭遇,得到的回应却并不能令他们满意,也没有真正解决他们的问题。

家长们很难理解,对于孩子特别是比较内敛的孩子而言,告诉父母自己在学校被欺负究竟有多难？

首先，这并不是什么光彩的事。不像考试拿了100分一般，巴不得立即告诉父母，遭受欺凌对于孩子来说是一件羞于启齿的事情，这证明他在跟同学的竞争中处于下风，被打败了，是相当丢脸的经历。

其次，很多孩子在告诉父母之前，对于父母的反应，其实是心中没底的，不知道父母会不会骂他们，会不会帮他们，会不会生气？说出来相当于一个赌博，父母的反应很有随机性，会加重孩子的不安。

最后，大部分孩子不是到了自己真的无法处理的程度，一般是不会向家长求助的。

当然，从另一个侧面讲，孩子愿意主动说出这一遭遇，还是反映了亲子关系的基本信任状况不错，这也是一个帮助孩子的好机会。因此，当孩子向你表达这方面的情况时，一定要重视起来，审慎对待。

🌿 家长恰当的应对方式

面对孩子遭遇校园欺凌，家长如何处理才比较恰当呢？这里提供几个关键点，供家长们参考。

(1) 留出专门的时间给孩子

当孩子告诉你他遭遇校园欺凌的时候，无论你多忙，手上的事情有多重要，都要尽量抽出时间跟他认真谈论这件事。如果当时手头确实有非常重要的事情，可以跟孩子约定一个时间，详细谈论。这样能让孩子感受到父母非常重视这件事。

事实上，孩子此时是在一种无助的状态向跟父母求助，父母积极、关切的回应，能够让他们尽快安心下来。

(2) 耐心倾听，避免"关心则乱"

耐心、平静地听完孩子的讲述，中途尽量不要打断孩子，要鼓励孩子多说。表达的过程，有助于孩子宣泄情绪、梳理思路。对于孩子遭遇校园霸凌，父母很容易"关心则乱"。与前文提到的过于"轻描淡写"相反，还有一种父母是过于重视，把事情夸大化，结果家长自己乱了阵脚，处理方式上也激进起来。

一听到自己的宝贝被欺负了，马上冲到学校找老师，找校长，找到欺负孩子的同学，誓要讨个说法。甚至恨不能仗着自己成年人的优势，直接教训一下对方。这种方式表面看起来是帮孩子出了气，实际上却隐藏着副作用。比如，父母不可能时时陪在孩子身边，对方还是有机会欺负孩子；孩子可能会被嘲笑，因为动不动就叫家长会让人视为"胆小鬼"；老师可能会觉得孩子事多，对他另眼相待。

最重要的是，家长不可能永远这么保护孩子。被欺凌，遭受不公平对待，在任何一个群体中都普遍存在。只有培养孩子应对被霸凌的能力，才是解决问题的关键。

(3) 明确错的不是孩子

"为什么别人只欺负你，不欺负其他同学呢？"这句看似很有道理的话，却是一句"有毒"的话。它的底层逻辑就是"受害者有罪论"，你被欺负是你自己的问题。很多孩子相信了这句话，在遭遇校园欺凌时，拼命在自己身上找原因，陷入自我怀疑的漩涡，身心都遭受重创。

被欺负的孩子，有明显的群体特征吗？实际上，搜集大量的样本之后，发现他们并没有太多共同点，很多时候都是一些偶然因素触发，外加班集体整体的不良氛围导致的。家长们需要坚信这一点，并在发生这种事情的时候，选择坚定地站在孩子身边。

要毫不犹豫地告诉孩子：被欺凌不是你的错。不管出于什么原因，欺凌者用动手或者孤立、嘲笑的方式对待同学都是错的。这也是不道德、不礼貌、不尊重同学的行为，是应该被谴责的。当然，如果孩子遭受严重欺负，还是需要找学校领导或者报警处理，关于这一点，家长可以根据实际情况采取合适的应对措施。

（4）跟孩子一起讨论解决办法

在教孩子处理欺凌的情况时，家长可以发挥长处，跟孩子共同商量有效的应对方法。重点在于共同商量讨论，而不仅仅是告诉孩子怎么做。要让孩子参与其中，感受到自己也能够找到解决问题的策略。

比如说，可以上网查相关资料；父母可以分享自己曾经的应对方式和技巧；可以跟孩子来个"角色扮演"，现场演练当对方欺负自己时，可以怎么应对和处理。

最后，还是尽可能鼓励孩子自己去应对和处理。必要的时候，提前演练他可能会遇到的糟糕状况,陪他一起练习应对技巧。孩子只有自己亲手战胜欺凌者,才能战胜恐惧。之后遇到类似的情况,才能更有底气和力量。

加法孩子
激发学习内驱力的秘密

一段好的友情，对青春期孩子有多重要

青春期的孩子，总是会被各种各样的人际关系问题困扰，甚至因此焦虑不安，影响正常的学习。作为成年人，我们有时很难理解孩子们的这种苦恼：友谊这个东西，真的有那么重要吗？作为学生，学习不才是最重要的任务吗？

有好朋友当然好，没有知心朋友，不是也很正常吗？何必这么执着，一定要那么看重友谊呢？

下面，从小说《人世间》里的小故事，来分析一下一段好的友谊对于孩子的重要意义。

🍀 一个小配角的故事

《人世间》里这个绝对的小配角，在小说中的分量占比不大，性格特点也不是很鲜明。改编后的电视剧里，他直接成了一个无法带给人任何记忆的陪衬。但在周秉昆他们的青春岁月里，这个叫唐向阳的男孩却是一个颇为独特的存在。

他们相识于共同工作的酱油厂。虽说都已经正式参加工作，但这群孩子大部分都是十七八岁，跟我们现在打工人的人生阶段颇为不同。与秉昆、德宝、吕川等出身于工人家庭的孩子不同，唐向阳有一个更好的出身：父母都是老师，父亲曾经还是一所区重点中学的校长。

如果不是因为"文革",他们大概率不会走到一起。文革毫无预兆地打乱了他们的生活轨迹,唐向阳的父亲被怀疑年轻时加入过"三青团","文革"第二年被开除了党籍,被教育系统扫地出门,成了学校里长期的改造对象。唐向阳的母亲以离婚的方式与他父亲划清界限,以便还有资格继续当老师。唐向阳只能跟随母亲生活,被分配到酱油厂工作。

🍁 每个人都有自己存在的价值

唐向阳是独生子,从小生活优越,性格孤傲。虽然父亲已不再是重点中学校长,他的孤傲却没太大的改变,总是一副自命不凡的样子。即使被分配到酱油厂最脏最累的出渣车间,他也依然想显示自己的"优越"和"与众不同"。

他一得空就从书包里掏出课本,躲在安静的角落里看书,不是几何就是物理、化学,还经常念念有词。这一举动自然引起了其他工友,诸如德宝一类人的不满,认为他装清高,看不起别人。但对于此时的唐向阳而言,抱着书本既是他的精神寄托,也是他用以自我保护的武器。

他不敢主动融入大家,害怕被拒绝。又不想显得过于孤独,便以书本来掩饰。作为一个自尊心极强的孩子,在巨大的落差之下,他多少有些无所适从。若是身边的工友据此断定他就是高高在上、目中无人,唐向阳的人生说不定会走向完全不同的方向。

事情的转折来自工友中的一个人——吕川。吕川喜欢学习,欣赏有知识的人，有时会像小学生似的，向唐向阳请教课本中的内容。唐向阳自然是有问必答，异常热情，也一改往日的高冷形象。他好像一直在等，等待这个被邀请加入团队的机会。

❧ 终于找到"组织"，自己被接纳

真正让他感受到友谊之光，感受到找到了"组织"，是来自大家的一次谈心。作者梁晓声先生是这样形容这段刚开始的友谊的："年轻人之间的友谊是不需要铺垫的，也没有预备期，往往像爱情一样，一次邂逅、一场电影就能自然而然地产生火花，可能并不持久，像礼花似的。但是在其绽放之时，每一朵都是真诚的。"

有一天闲来无事，大家就自然地分享起各自的遭遇和苦闷。唐向阳也开始讲他自己内心里的纠结和郁闷，他的处境比看上去要更糟：他偷听过父母之间的谈话，父母说"假离婚"是权宜之策，所以他起初对父母的离婚并不怎么在意。可后来，他渐渐感到"假离婚"似乎越来越真了，他发现母亲有了疑似的追求者，而且母亲也仿佛暗怀心意，起码不是断然拒绝。

他无法证实自己的猜测，更不可能完全信任母亲。他思念父亲，却很难见到父亲一次。在家庭中，他陷入了一种两难的尴尬境地，不知道该理解母亲，还是站在父亲那边，责怪母亲无情无义。母亲与父亲的分离，其实是对一个青少年价值观和信任体系的冲击：母亲在危难之时抛下父亲，那么会不会在其他情况下，直接抛下自己的儿子呢？他无法确定。孤独、苦闷之下，他转而

想从爱情中寻求安慰。

🌿 隐藏的悲伤过往

上学时，他曾和同班一位女生早恋了。不幸的是，早恋却被女孩的母亲发现了，告发到了学校里。后来有同学向他透露，他的早恋之所以成为事件，是由于和他关系最好的一名同学出于嫉妒告密的。那位与他山盟海誓的女孩，在事发后瞬间变脸，不仅揭发他对自己的引诱手段，还说她自己一度被爱的假象蒙蔽。总之都是唐向阳的错，她自己也是受害者。

事情闹得很大，唐向阳被批判为思想意识不良的问题学生。母亲被请到学校，颜面尽失。母亲原本就是要强的人，又是老师，她的羞愤程度可想而知。因此母亲好长一段日子里不愿理他，无论他道歉还是积极努力地表现，母亲似乎都看不见。直至他产生了自杀念头，母亲才惶恐不安，态度稍有好转。

他最想不通的是那个女孩的态度。他倒不恨她，他能想象到，她是在家长与老师们的双重施压之下，才背叛了他们之间的海誓山盟，但是他从此很难再相信友谊和爱情了。毫不夸张地说，此时的唐向阳，正处在全部信任体系崩塌的边缘，迷茫、无助，却又自我封闭，状态岌岌可危。

他也是鼓起了巨大的勇气，才敢向一群同龄人揭开自己的伤疤。工友们如何回应他至关重要，这是一步险棋，但他不得不走。虽然他不敢相信友谊，但独自承受过多压力的他，急需一份真诚的友谊。

加法孩子
激发学习内驱力的秘密

🍃 来自友谊的温暖

好在他遇到了一群好人，一群单纯、善良的同龄人。

一群人安静地听完他的讲述，随后都沉默了，大家都不知道该如何回应他。周秉昆作为团队的灵魂人物，却似乎不善言辞，一时语塞。团队中有一个叫常进步的青年，患有听力障碍，只能模糊地听到一些声音，能说的词语也有限，所以伙伴们只能通过纸笔跟他交流。

当曹德宝将唐向阳的故事，在纸条上写给常进步看之后，常进步也在纸条上写了几行字："某些人经常不讲道理，反逻辑，自以为是。即使这样，那也要相信，人世间永远有真爱和真友谊。"寥寥几行字，却字字珠玑，朴实、真诚且饱含着温情。

每一个字，都是唐向阳最想听到的，在某种程度上，这些字也是对他的一种救赎。同伴们都被这话打动了，常进步说出了大家的心声。于是，在酱油厂肮脏的出渣车间里，五六个年轻人因为彼此的分享，相互的支持和安慰，内心真正地走到了一起。

🍃 友谊足以帮助孩子渡过至暗时刻

唐向阳从此将大家都视为知己，团队中有人遇到困难，他都愿意跑前跑后地出力。他不属于像周秉昆那种带着侠义色彩的老大哥形象，不会让众人有事都想到找他。他是一个配合者、参与者，却乐于做这样一个配角，乐此不疲地忙前忙后。

在这个团队里，他找到了那个叫作"归属感"的东西，使他不再感觉自己像大海中的一叶孤舟那般孤独和恐惧。他的父母最终离了婚，断绝了来往。母亲也改嫁了，甚至在他父亲病重时也没有现身。种种打击，在这群朋友的支撑下，他都坚强地挺了过来，积极地活着。

"文革"结束后，他考上了大学，进入化学研究系统。大家都长成大人，娶妻生子之后，一群人还是保持着每年大年初三聚会的传统。唐向阳依然每次必到，即使相隔千里，也从不失约。文中是这样描述其他人的反应的："秉昆、德宝、国庆和赶超都没想到唐向阳还会是他们的朋友。唐向阳下乡后，他们几乎忘了他。"

其他人或许并没有想到，他们的接纳和支持，对于一个处在风雨飘摇中的年轻人有多大的现实意义。用一个俗气一点的比方，当时的这群哥们就是唐向阳黑暗人生中的一束光，让他不至于完全绝望。而唐向阳，正是万千迷茫中的青少年的典型代表。

他的心路历程，也是许多十几岁同龄孩子的缩影。友谊对于他们而言，弥足珍贵。同龄人之间纯真的信任、理解和支持，最终帮助他们度过了那些学习压力巨大，同时又孤单、敏感的青春时期。作为成年人的我们，对这种心理需要，至少可以多一些理解和尊重。

告诉社交恐惧症的孩子这些秘诀

社交恐惧症现象渐成趋势,孩子们既怕交往又渴望有朋友,这种矛盾心理易让"社恐"标签成为回避社交、自我封闭的挡箭牌,这并非好事。

细究一下,孩子可能并不是真正的社恐,只是不小心陷入一种社交困境。所谓的社恐,也是一种可以调整和改变的状态,根本不可怕,关键在于找到合适的技巧,持续不断地练习。

🍀 常见的社交困境

(1) 嫌人际交往麻烦,享受孤独的清净

对于一部分孩子来说,人际交往是比解数学难题还要难的一件事。比如,总是摸不透对方,不知道别人内心的真实想法是什么,不知道该怎么交流。又如,跟人聊天总是找不到合适的话题,双方一冷场,就感觉尴尬无比。还有,生怕自己说错话,惹对方不高兴,得罪了别人,这就更麻烦了。

另外,不同的人性格不一样,爱好不一样,处事风格也不一样,要想处理好人际交往的问题,就需要不停地摸索相关技巧……一通分析下来,头都大了。很多孩子就此得出人际交往很麻烦,我搞不定那么复杂的事情,我还是一个人待着更舒服的结论。孤独点就孤独点吧，习惯就好了。

（2）害怕冲突，总是违心恭维

不会处理冲突，害怕冲突，是又一社交难题。

很多孩子对于人际关系有一种不合理的预期：我必须跟所有人都搞好关系，我不能跟任何人发生矛盾。这个目标定下来，就会直接把自己束缚住，彻底失去社交自由。怎么才能不得罪任何人呢？只有无原则地妥协，出让自身权利和意愿，一切以对方的想法为准，不反驳、不建议、不发表自身想法。诸如："我们去哪里玩？""你决定。""中午吃什么？""你想吃什么，我陪你。""你觉得这个明星是不是很帅？""是啊，太帅了，我也很喜欢他。"

这样做一般都能收获好人缘，甚至能跟班上大部分人成为朋友，只是当事人自己却似乎并不开心。此时社交变成了完成任务，得不到任何的滋养。矛盾、冲突是避免了，却也因此感受不到任何乐趣。

（3）自我怀疑，担心不会有人喜欢

在社交中，人会不自觉地陷入自我怀疑之中，很难相信有人是真的欣赏自己，真的愿意跟自己交朋友。常见的做法就是隐藏自己真实的样子，尽量表现出完美的一面，即大家都喜欢的一面。

很多孩子常常会自我检讨："我是不是说错话了，惹对方不高兴了？""今天我这个事情的处理，好像太武断了，别人会有意见吧？"对方脸色稍微一变，便会立刻陷入不安中，反反复复审查自己的言行，甚至莫名其妙地道歉。

坚信不会有人真的喜欢自己，因而需要不断地验证、试探，一遍遍自我怀疑。换句话说，在人际交往中，这群孩子很难真正放松，而是持续不安、焦虑。只有自己一个人待着的时候，才能卸下伪装，做真实的自己。人际交往，也就自然地成了一种负担。

🍁 有些社恐是"目的"，而不是症状

我们可能很少思考，社交恐惧症可能是我们基于某些目的的潜意识选择，它能保护我们，免于面对那些我们不想面对的尴尬、麻烦的社交场景。

这里用著名心理学家阿德勒讲到的一个案例来说明，这是一个患有"脸红恐惧症"（社交恐惧的一种）的年轻女孩。她一到社交场合，特别是面对异性时，就有脸红的毛病，没办法正常跟人交往，也没有谈过恋爱，内心非常困扰。她说无论如何都想治好这种"脸红恐惧症"。

于是，咨询师便问她："如果这种脸红恐惧症治好了，你想做什么呢？"她说自己有一个想要交往的男孩，虽然偷偷喜欢那个男孩，但她还没能表明心意。她还说，一旦治好脸红恐惧症，就马上向他告白，希望能够交往。

这个逻辑是不是很合理？一见到人就脸红，怎么可能跟男孩交往呢？当然要先治好病，才能去表白。其实不然，从另一角度讲，是因为她自己"需要脸红这一症状"。脸红恐惧症能帮助她逃避自己最害怕的事情：一是被自己喜欢的男孩拒绝的恐惧；二是

失恋可能带来的打击和自我否定。那实在太可怕了，比脸红恐惧症不能正常社交可怕得多。但是，只要有脸红恐惧症，她就可以用"我之所以不能和他交往，都是因为这个脸红恐惧症"的想法来实现自我逃避和自我安慰。

因为有脸红恐惧症，便可以不必鼓起勇气告白，不告白自然就可以不用谈恋爱，不谈恋爱自然就不用遭受失恋的痛苦。看吧，脸红恐惧症实际是她的大救星。最终，她还可以抱着"如果治好了脸红恐惧症，我也可以……"之类的想法活在幻想之中。

这个症状是在保护她，让她可以理所当然地逃避自己害怕的事，这就是脸红恐惧症这一心理症状的目的。当然这种目的也是潜意识的，当事人并不知晓，症状却悄悄地帮她实现了不能用语言表达的"心理需要"。

社恐也是如此，它既困扰我们，也保护着我们，关键看你是选择克服还是妥协，或者臣服在它的保护之中。但社恐不是绝症，只要应对得当，完全是可以改变的。下文中，就展开讲讲具体的调整策略和方式。

🍂 孩子应掌握的社交技巧

（1）降低期望，不苛责自己

在社交活动之前，改写内心期望，增加弹性和灵活性，是社交成功的基础。有一个很有意思的现象：越是社恐的孩子，对于社交场景的期待反而越高，他们会不自觉地要求自己在社交当中表现完美，处理得游刃有余。每次进入社交情境之前，他们都会对自己说："我一定要表现得很好，控制所有面部表情和肢体动作，说话得体，风趣幽默，给大家都留下好印象。"这听起来很矛盾对不对？你都害怕社交了，怎么能一下子就做到在社交中得心应手呢？很显然，一个社交高手都不一定能完全做到，这个期望过高而且不符合实际。无法给大家带来好印象，孩子很容易产生挫败感，甚至直接回避社交。

如果孩子把目标改一下，改成我会尽量不被别人看出来紧张，就算不小心被发现了，我也可以找朋友帮忙，缓解一下尴尬。听起来是不是就容易很多？其实想要完全不跟人发生矛盾，也很难。又如让孩子把目标改成我会与人为善，如果真的发生了不愉快，我应该可以想办法处理。这样孩子在社交时就会留有余地，就不会因期望过高而产生畏难情绪。

这里的核心原则就是：保持期望，但不强求；考虑失误，但不逃避；积极解决，但不苛责。

(2) 不回避社交，多累积社交新体验

能够做到不回避社交，这是孩子在社交中最核心的改变。社交跟写字、画画、开车一样，都属于技能，都需要持续地练习。掌握技巧，才能熟能生巧。没有天生的社交高手，不要给自己扣上天生不适合社交的大帽子。

仔细回想一下，孩子为什么会对社交有种种负面想法和感受呢？这是因为感受大部分都是基于过去的经验，特别是过去不那么愉快的社交经验。曾经被同学嘲笑、孤立，或者在朋友面前表现不好，找不到话题，还有在家庭中不被喜欢，等等。总结起来，就是一个笼统的印象：社交很烦，很不舒服，甚至会让我受伤害。下一次要进入社交场景时，就会自然而然地抱着消极的预期。

就像一个成绩一直不好的孩子，很难去期待自己下一次考试能考到全班前几名一样，他只会想到这次考试又要倒数，又要不及格了。当一个人没有新的、积极的社交体验来覆盖过去糟糕的记忆时，"社交"就会渐渐和"负面体验"画上等号。"社交 = 不愉快""社交 = 麻烦""社交 = 焦虑"。万恶的社交，我才不要参与呢！

这么不舒服的事情，谁会想去做呢？这么一梳理下来，害怕、回避社交，也就成了人之常情。矛盾的是，我们越是逃避，越是无法累积新的体验，原本负面的社交经验就会愈加根深蒂固，无法改变。不回避社交，不在社交情境中临阵脱逃，才有可能获得新的、积极的体验，改变我们原有的信念。

对于孩子同样如此，要鼓励他们多参与社交，而不是待在家里。有新的经验，才能覆盖过去负面的体验。积极的新经验不断累积，孩子们的社交信心也会逐步增强，也就自然愿意参与到社交场合中，这就形成了一个正向的循环。

（3）在想象中演练，大胆设想最坏的结果

除了参加以前不敢参加的活动，约以前不敢约的朋友，创造社交机会外，平时也可以通过想象，多锻炼自己"敢于社交"的能力。这个有点类似于"模拟考试",只不过整个过程都是在大脑中进行,不需要其他人的参与。找一个相对完整的空闲时间,自我提问:在社交场合中我最怕发生什么?那是一种怎样的场景?如果这种情况发生了会怎么样?我有什么感受?接着我会怎么做?还有比这更糟的状况吗?那是什么?如果发生了,我能想到办法应对吗?

一直想象自己最害怕的结果,以及自己的应对方式,这样坚持一两小时,可能你会发现,平常自己根本没好好想过这个最坏的结果,以前总是只想了一下,感觉有点可怕,就跑掉了,放弃了。为了弄清楚自己真正恐惧的究竟是社交中的哪个部分,需要花点时间重复想象,直达核心症结。但要注意,在想象过程中,不要用各种各样的理由(太难受了、没用的、根本不会发生)说服自己停止想象,一定要坚持到出现最担心、最糟糕的结果。

体验一下最坏的结果发生时自己的情绪,思考一下应对策略。你会发现,就算最坏的结果发生,我们还是有能力应对的。我们总是比自己以为的更有潜力,只是没有被逼到一定程度,潜力没机会发挥而已。

(4) 与"紧张、焦虑情绪"共舞

社交当中的紧张感,往往是我们最害怕、最抗拒的,人的本能如此。焦虑、紧张,都是我们最想回避的感觉。不仅是情绪感受,我们的身体也会因为紧张传递出不同的信号,提示给大脑,让我们更加焦虑。这些身体信号包括心跳加速、冒冷汗、手抖、胸闷、坐立不安，等等。焦虑的时候，人会陷入一种慌乱之中，感觉自己就要崩溃了，就要发疯了，下一刻就会彻底失控了。

实际上，这些只是我们在紧张、焦虑情绪下身体的正常反应而已。识别这些信号，有助于我们清楚地知道自己发生了什么，而不会过于慌乱，不知所措。

不要试图跟情绪对抗，试图压制它，那样做只会适得其反。试着跟情绪相处：看着它颜色变深，形状变大，一步步清晰，渐渐地再看着它颜色变浅，形状变小，淡去、散去。第一次往往很难，最好是在朋友或者家人的陪伴下去尝试。确实很紧张的时候，可以握一握身边人的手，帮助自己镇定下来。

（5）坚定信念，坚持练习

克服社交恐惧并不容易，但却对孩子的成长至关重要。

以上提供的策略，需要真正尝试练习，反复实践，才可能有好的效果。家长们可以引导孩子多尝试，不要轻易放弃。人天生就是群居动物，天然就有社交需要。社交不是一项挑战，而是顺应我们的心理需要做的有益尝试。

社交能力不是天生的，而是可以练习和提高的。社交恐惧，同样也是可以克服和改变的。目标明确，勤加练习，孩子最终就算成不了社交牛人，正常的人际交往一定是没有问题的。

孩子需要知道这些人际交往原则

大部分孩子进入初中阶段之后，会面临最新的人际交往困扰。这是因为小学阶段大部分孩子心智发育并未成熟，心思单纯，只要玩得到一起就是朋友。就算闹了矛盾，三两天之后就忘了，又照样玩在一起。这个阶段的友情，不会太过紧密和亲近，玩到一起最重要。

初中之后，孩子开始渴望更亲近的同伴关系，情感需求也更加强烈，不再只是吃吃喝喝玩玩的浅层关系。只是很多孩子对于如何经营友谊不甚了了，很努力地付出，却收效甚微。遇到矛盾、冲突，也没有处理策略，只能闷在心里，独自感伤。

孩子们其实需要知道下面这些人际交往原则。

❧ 人际关系的"互惠原则"

社会心理学家霍曼斯提出，人际交往本质上是一个社会交换的过程，相互给予彼此所需要的。有的人把这种交换叫作人际交往的"互惠原则"，也就是人际关系"跷跷板定律"。

这种交换不是简单的你给我一块钱，我还你一块钱这么浅显、直接，而是一种深层的价值互换。每个人在人际关系中，都有帮助他人的需要，也希望获得他人的帮助，这是正常的人性，但很多孩子对这一点的理解却是不足的、偏颇的。

一部分孩子，在人际交往中习惯以自我为中心，他们做什么事情都喜欢从自己的角度出发，而不是站在别人的角度上思考。他们习惯要求和指挥朋友，如果对方不按自己的意愿行动，他们就会愤怒、沮丧。这样的孩子，人际关系总是会出问题，作为他们的朋友也会很压抑。人际关系专家卡耐基曾说过，每个人都关心的是自我。情商高手深谙这个原理，他们懂得与人适当地主动沟通，并利用自己的能力帮助别人，懂得关心别人，让别人放松下来，从而赢得别人的好感。

还有一部分孩子会走向另一个极端，他们在人际关系只付出，只是不停地消耗自己，为其他人提供价值，却从不给其他人关心自己、帮助自己的机会。他们在人际关系中很不自信，自我价值感很低，总以为只有不断付出，自己才会被别人接纳，关系才能维持下去。这样一来，关系是维持下去了，但他们自己却往往在关系中不堪重负，甚至开始回避人际交往。

从心理学角度上来说，人际关系中的互惠就像跷跷板一样，如果一方只是关心自己，而不懂得维持另一方的平衡，往往就会失去朋友。若是只顾别人，自己这头就太轻了，跷跷板也无法平衡。真正好的人际关系源于彼此互惠，懂得礼尚往来，才会让别人意识到你的真诚。

🌿 不要害怕求助

很多内耗严重的孩子，都有一个特点，即从不求助别人，从不跟任何人说自己的烦恼、压力，包括父母。遇到困难和打击，他们想到的就是自己解决，自己处理。解决不了就忍着，硬扛着，强撑着,直到撑不住了崩溃为止。

很多时候我会问这些孩子:"没想过跟你的朋友说说你的困难吗?就算他们帮不上忙,听你说一说,吐吐槽,你心里也会轻松一点。"他们的回应都是大同小异:"不想麻烦同学,他们都很忙。""不想让自己的坏心情影响朋友,弄得他们也心情不好。""大家学习都很忙,都没有太多的时间听其他人诉苦,还是自己管好自己。"

奇怪的是,在其他人遇到困难,心情不好向他们倾诉的时候,他们又会积极、热情地回应,想方设法帮助对方,一点不嫌麻烦。孩子们似乎不太明白,其实助人也是我们每个人的心理需求之一,我们都需要在帮助其他人的过程中看到自身的价值。每个人都不是一座孤岛,心理学发现,真正的人际关系高手,都会适当地帮助别人,也会适当地寻求别人帮助。人与人互动的次数越多,彼此的感情越深入。

告诉孩子们不要害怕求助,不管是对师长还是同学,都可以真诚地寻求帮助,这也是人际关系的重要组成部分。求助不是弱者无能的表现,而是对身边人有信任感,是彼此敞开心扉的重要一环。

❦ 人际关系没那么脆弱

接触青少年多了,会发现一个很有意思的现象:好多孩子对待人际关系总是小心翼翼,说话、做事都保持着谨慎的状态,生怕自己说错了什么,这段关系就崩了。

一个女孩跟我谈到,她有一个相处了五年的好朋友,最近这一个星期突然不回她的信息,无论是她发问候关心、聊时事明星,还是吐槽八卦，或者是学习心得，对方就像人间蒸发了一般，毫无回应。

她设想各种原因和理由开解自己，比如对方忙着复习，可能没看到消息；对方可能手机丢了；可能生病了，没工夫回复……此时，热心又担忧的父母会积极地"开导"她，中心思想都是："人家都不在意你，你干吗要去热脸贴冷屁股呢？""朋友就是这样的，有聚有散。""别人这么不在意你，有什么好伤心的？"

她越听越伤心，本来对彼此之间的友情很有信心，认为对方很珍惜自己。听父母说完以后，她的信任体系受到了冲击。女孩又开始怀疑自己、怀疑友情，甚至情绪崩溃在家大哭了好几天。她复盘最近这段时间自己所有的言行，一遍遍反思，试图找到朋友讨厌自己的蛛丝马迹，越想越自责，越想越害怕，好几天没睡好觉。

结果后来发现，朋友不回消息，只是因为那段时间她的父母正在闹矛盾，三天两头吵架，一次吵得厉害殃及了她，爸爸莫名其妙地抓起她的手机就砸在了地上，手机屏幕就这么被"肢解"了。爸妈没功夫给她买新手机，也就是说，朋友当时根本就收不到这个女孩的消息。

好朋友之间的关系其实没有那么脆弱，孩子大可以放松去交流，敞开心扉去表达自己心里的想法，这样的关系才能称为"交心"。害怕关系破裂，就藏着、掖着，戴着面具去跟朋友相处，整天患得患失，这样的友谊反而会成为负担。

🌿 拥有"被讨厌的勇气"

大家是否还记得前面分享的一个案例，那个只因同学当面说了一句"我不喜欢你"就崩溃的女孩子？其实这样的孩子并不算少数。青春期前后的大部分孩子有一个理想化的执念：只要我足够好，我就能让全班同学都喜欢我。实际上这种想法并不现实，而且会成为人际关系当中的巨大枷锁。

因为**想要拥有自由，想要做自己，就必须要有"被讨厌的勇气"**。这也是处理大部分人际关系的秘诀。

人们90%以上的烦恼，基本来自人际关系，对我们束缚最大的也是人际关系。在人际关系中，我们最渴望的是什么呢？就是被认可，被看见，被认同。从小时候渴望被父母认可，被老师认可，被朋友喜欢，到长大之后希望被领导认可，被配偶认同，被亲戚朋友赞扬，有孩子了，希望被自己的孩子认可、赞美，这是我们在人际关系中的本能需要。我们害怕被人讨厌，想方设法事事做到最好，都是为了对方一个点头赞叹。某一天被批评了，被质疑了，我们仍然会像小时候一般，陷入烦恼和自我怀疑中，整日惴惴不安。

渴望被认可的本能，有时容易让我们在人际关系中失去自由，甚至完全失去自我，变得完全为了他人而活。

当孩子因为被他人排挤、说坏话而感到烦恼时，我们通常会说："别在意他人对你的看法，做自己就好。"然而，仅仅做到不在意是远远不够的。若要真正摆脱人际关系带来的烦恼，就必须拥有被讨厌的勇气，要努力做到对讨厌置之不理。当然，做到这一点很难。我想，这可以作为孩子们一个追求的方向，慢慢将孩子从"一味寻求认同"的泥沼里解脱出来。

加法 3 孩子需补上抗压能力这门课

现在的孩子怎么这么脆弱

很多家长反映,现在的孩子普遍心理太脆弱,只能听表扬,经不起一点批评,话说重一点就会崩溃。有些孩子在家和大人玩游戏的时候,赢了开心,输了耍赖甚至发脾气。还有的孩子遇到一点困难就退缩,觉得自己不行,缺乏情绪调节的能力和直面挫折的勇气。

一个不能正确对待挫折和失败的孩子,在未来成长的道路上,遇事只会一味地逃避和自我内耗。

为什么这些孩子的抗挫折能力这么差呢?

🍃 《三体》故事带来的启发

在著名的科幻小说《三体》里,有两个人物经常被拿来做比较:罗辑和程心。

罗辑是人类和三体世界对抗的第一代执剑人。他抱着必死的决心与三体人对峙,从而建立黑暗森林威慑,人类进入威慑纪元,他成为手握达摩克利斯之剑的"执剑人"。简单而言,他保护人类的方法就是对三体人说:"你只要敢动,我们就同归于尽。"

他在地下掩体度过了五六十年,终日面对一堵白墙,逼视着三体世界,期间没说过一句话。这种坚毅、执着、勇敢、心怀大爱的精神,让他几乎封神。毫不夸张地说,他是凭一己之力,拯救了人类世界。然而几十年后,人类却一致投票,把他从"执剑人"的位置上换了下来。他守护人类世界的这五六十年,人类生活得和平而富足,几乎忘记了三体威胁的存在。

大家推选的第二代执剑人是程心。程心,一个文质彬彬的女孩子,三十出头,是一位高才生,公司总裁,属于实至名归的人生赢家。人如其名,程心坚信用爱、用诚心、用信任可以换来和平。很多《三体》的读者评价程心"脆弱""情感泛滥""圣母心",但其实她是被和平时代选中,更是时代的产物。

在面对威胁时,不择手段地保持生存,永远是人们追求的第一目标。而在和平时代、富足时代成长起来的程心,拥有我们作为人类最纯粹的情感——人性。当然,也拥有人性的弱点,包括优柔寡断、脆弱和轻信他人。而面对巨大威胁时的罗辑,更像是一个为了生存,能够剥离情感的钢铁战士。

❧ 时代塑造了现在的孩子

绕了这么大一圈,我想表达的是现在的孩子变脆弱,特别是跟父母那一代相比,大概是必然的趋势。他们成长在中国数十年的和平、富足、温暖的环境里,从来没有挨过饿,永远有吃不完的东西；所有的危险，都有父母、亲人帮他抵挡；人生轨迹是可以预见的，是充满希望的。他们几乎不用担心吃不饱睡不暖，他们想的是怎么过好生活，享受当下，就像程心生活的年代一般。他们拥有更柔软的人性，自然也逃不开这种环境下养成的人性弱点。

吃过苦、经历过卓绝奋斗的父母辈，更是看不上他们："现在的年轻人，太脆弱了，没救了。"他们无需承受生存压力，不必为食不果腹而烦忧。如此一来，在他们的生活里，所谓的大事便成了诸如遭遇批评、遭遇失败、心情低落之类的事情。要知道，成熟与坚强并非与生俱来，而是历经磨砺方可铸就。

不同的时代，会造就不同类型的孩子。能够看到这一点，而不是单纯地苛责孩子，也是为人父母的慈悲。

🍃 父母过度保护，培养出"温室里的花朵"

有句话叫作自己淋过雨，所以总想为他人撑伞。很多家长对待孩子，就是不自觉地在做这件事情。自己小时候吃过苦，挨过饿，自然也会不自觉地害怕孩子吃不饱，吃不好。因为父母太忙，兄弟姐妹太多，自己不受重视，受了很多委屈，于是过度关注孩子，过度保护孩子。父母成长中的遗憾，如今都变成一个个"未完成事件"，积压在父母心里，期待在孩子身上重新"完成"。

自己有了孩子，就总想着让孩子过得好一点，开心一点，想要什么就有什么。看到孩子开心，自己就很满足，就好像小时候的自己也获得了满足一般。家务活舍不得让孩子干，不舍得让孩子受苦受累，希望孩子过得像公主、王子一样。

因为怕孩子吃亏，遇到事情总是习惯性地冲在孩子前面，帮孩子"挡刀""挡枪"。对孩子的负面情绪异常敏感，孩子不高兴了、委屈了，爸妈就会放弃原则，不自觉地妥协、让步。久而久之，孩子成了战场上的旁观者，一个敌人都没有击毙过，更别提勇敢往前冲了。心理没有经过历练，就好比身体肌肉缺少锻炼，自然都是"泡泡肉"，是弱的、虚的。过度保护之下，孩子就成了我们常说的"温室里的花朵"，经不起风雨，扛不住打击。

❦ 父母投射紧张焦虑，不利于孩子身心发展

孩子脆弱，还有一个重要原因，这就是来自父母过度焦虑、紧张、担心的投射。父母没有心理空间，缺乏心理能量时，会把所有事情都看得很大。父母紧张的目光和情绪，会投射到孩子身上，形成孩子对脆弱的自我认同。这么解释可能有些抽象，我们举个例子来说明。

比如，一个很焦虑、紧张的妈妈，会因为小朋友经常哭就担心孩子太脆弱，太情绪化。这样的担心会指导她的行动，她会怎么做呢？自然是千方百计地让孩子不要哭，哄也好，骂也好，说"再哭警察会把你抓起来"也好，总之就是阻止孩子哭。同时，她还会尽量避免孩子不开心，百般防范孩子遇到挫折，也就是过度保护孩子。殊不知，这反而会给孩子一个暗示，你是爱哭的、弱不禁风的、脆弱的，你需要妈妈的保护。同时，也是在告诉孩子，负面情绪很可怕，要赶紧躲避、制止并结束。时间一长，孩子会

不自觉地内化妈妈的这些看法，认同自己是脆弱的，负面情绪是可怕的。

20世纪，大部分父母无暇照管孩子，父母的焦虑更多地投注到了生存问题上，对孩子的照顾没有那么周到，却意外地让大部分孩子获得了心理成长的自由空间。当今社会，父母有钱有闲了，大部分还只有一个孩子，再算上老人，可能是四五个大人盯着一个孩子。每个大人都想为孩子做点什么，照顾自然是更周到了，但也会无意识地把孩子很多小问题放大。

任何生活事件的影响都由两部分组成。一部分是原发影响，就是这个事件本身的影响；一部分是次发影响，就是事件发生后，周围人尤其是父母的反应造成的新影响。大部分事情的原发影响，不太会直接造成孩子的心理发展创伤，反而是父母的反应才是对孩子最重要的刺激。这是因为在孩子认知尚未发育成熟的阶段，他们是通过父母的眼睛和反应来看世界的。

作为临床工作者，医生公认最难干的是儿科，不是因为孩子的病更难治，而是父母们的焦虑难以安抚。一个普通的发烧，父母一定要挂专家号，找最权威的医生，反复确认孩子真的没有大问题。管中窥豹，从这个细节就能看出现在的部分父母在养育孩子中的惯常状态。孩子最初对这个世界的一切都是陌生的、懵懂的，父母就是他们理解这个世界的钥匙。父母过于紧张，无形中告诉孩子：这件事很大，很严重。次数多了，孩子自然就害怕起来，一有风吹草动就反应过激。

总结起来，核心想说以下两点。

第一，**现在的孩子比上一代脆弱，大概率是事实，但这不一定是坏事**，每一代人有每一代人的时代烙印。生活在和平、富足年代的孩子，很难跟生活在苦难年代的父母比吃苦，比坚强，他们也没有必要比这些。

孩子希望作为一个独立个人获得尊重，具有平等交流的权利，这本身是一个巨大的进步。但他们耐挫能力不强，过于敏感、细腻也是事实。接受现状，锻炼孩子缺少的抗压能力才是上策。

第二，**过度保护、过于焦虑的亲子互动，也有比较大的负面影响**。原本磨炼机会就少的孩子，再加上被父母过度包办代替，养育过程中太精细，太焦虑，孩子的成长就会像被吹大的气球般弱不禁风。

为人父母能做的就是改变可以改变的，接受不能改变的，尽可能塑造孩子完善的人格特征，扩大孩子的内心空间。

孩子不能缺失"压力应对"这门课

孩子一半以上的情绪问题、厌学问题、学习动力问题，都跟压力应对有莫大的关系。没有得到恰当消化的压力，长期积累在内心中，消耗了孩子原本学习的动力和欲望。

通常情况下，孩子们不会处理压力，遇到压力只能强忍着、硬扛着；又或者对于压力过于敏感，一碰到困难就想逃避。长此以往，各类情绪问题就都会找上门。

🍁 压力究竟是什么

在了解应对压力的方式之前，我们先来了解一下压力本身。一提到压力，我们的第一反应总是抗拒的、厌烦的，精神也会不由自主地紧张起来。压力总是跟负面的、不好的感觉联系在一起的。可以说，压力是个不速之客，而且是最不受欢迎那种。

然而存在的压力，从来都不是单纯负面的。事实上，它是每个人都必须经历的，对生存具有重要的意义。而且人只要活着，社会压力就是无法回避的。

家长期望帮助孩子找到一个完全没有压力的环境，过上完全无忧无虑的生活，这基本是不可能的。社会的生存法则，终归是适者生存，这是现实。人在受到威胁或刺激时，整个身体处于应激状态之下，此时人的心跳会加速，肌肉会变得紧绷，血压上升，呼吸变得急促，感官变得敏锐，这都是身体准备应对压力和挑战的表现。适度的压力之下，注意力会更加集中，反应速度会更快，效率也会更高。

总之，不管从哪种角度来讲，回避压力都不如学习如何应对压力有意义。

🍀 常见压力应对方式

通常的压力应对方式有哪些呢？我们最熟知的便是"战或逃"，也就是要么迎难而上，要么拔腿就跑。其实相关研究发现，普通人面对压力，一般会有四种应对方式。

（1）战斗

面对压力时，一些人会立即进入战斗模式。比如学不会，我就拼命学，加班加点地学，一定要把问题搞懂为止；老师不相信我能考好成绩，我就废寝忘食，学出个样来给他看。这就是家长最希望看到的"压力越大，动力越强"的模式。"战斗"模式能够化压力为动力，大部分时候人们都能够战胜困难，获得自己想要的结果。

那么，这种模式是不是就是最优秀的、最佳的压力应对模式呢？其实并不是。人的时间和精力毕竟都是有限的，长时间保持战斗状态，很容易耗竭、疲惫，甚至会在遭遇打击时，陷入抑郁之中。此外，世上总会有凭人力无法解决的问题，面对这种压力，人们又该如何自处呢？

(2) 逃跑

人们也可能在面对压力时选择放弃或逃离。比如当学业充满挑战和困难，每天都压力山大的时候，有的孩子就会厌学，逃避学习环境。说到逃避，第一反应都会将其与意志力不足、不求上进或懒惰联系起来，产生相对不齿或者蔑视的看法。其实有时候，"逃"能让人避开压力和屡屡受挫，避免过度消耗。

连续的打击之下，人更容易崩溃或者绝望。"战术性逃跑"，某些时候不失为一个解决方案。

(3) 僵死

在遭遇巨大的困难和压力时，婴儿可能会哭到昏睡，出现所谓的"断片"。例如，醒来发现妈妈不见了，饿得实在没办法了，摔了一跤太痛了，这些情况下，小婴儿都会不休止地哭，一直哭到精疲力竭，身体虚脱，直到昏睡为止。这就是我们在以"僵死"的模式应对压力。处理不了，解决不了，就只能让自己进入"暂停"状态，等待时间过去。

哭累了，不自觉地就睡着了。一觉醒来什么都忘记了，照样该喝喝，该吃吃，该玩玩，欢乐依旧。青少年时期，这种"僵死"的压力应对模式，更多地表现为一种"疲乏感"或者"嗜睡"。

临床当中常见到一些孩子，明明在最有活力的年纪，却整天哈欠连天，一天睡十几个小时还是睡不够，这种情况背后可能就是压力在作祟。当身体面对无法承受的压力时，孩子会自动启用防御模式。用一个孩子的话说便是睡着了就什么都不用想了，也不难受了，痛苦和压力仿佛就消失了。

（4）妥协

也就是对压力源"服从"，即向给自己带来压力的事或人妥协、顺从。

拿孩子举例，就好比成绩目标定得太高，会给自己带来过大的压力。这种情况下，就妥协一下，通过调低目标来减轻痛苦和纠结。又或者因为跟同学发生矛盾而焦虑不安，就选择和解和道歉，通过恢复关系来获得平静。

表面看起来这是在让步，其实顺应了中国古训中的"退一步海阔天空"这个道理，是一种睿智的"权宜之计"。当然也有承认自己能力有限，通过沟通寻求支持和帮助的色彩，是懂得利用资源解决问题的表现。

恰当的"顺从"，能够帮助人们趋利避害，更好地达成目标。

🌿 告诉孩子这些压力应对方式

（1）如何应对压力，具体问题具体分析

现实生活中，压力的来源可能是复杂多样的，这就意味着每个人需要根据具体的情境，灵活地运用不同模式来应对压力，如此，才有可能最大限度地降低压力给自己带来的负面影响。

以下情境供参考。

A.当有希望战胜压力源时，就全力以赴，努力争取实现目标（战斗）。

B. 当坚持可能带来更大的伤害时，就要果断选择放弃（逃跑）。

C. 当压力的确过大，暂时无法处理时，可以多给自己一些时间休息（僵死）。

D. 当自己感到力不从心时，可以适当妥协，或者通过沟通争取支持和帮助（妥协）。

根据具体情境，可以灵活运用不同的压力应对模式，这也是抗压能力强的先决条件。而坚持一种单一的压力应对方式，往往会让人陷入泥淖之中，进退不得，最终出现各类情绪和心理问题。

(2) 改变"单一"的压力应对模式

大部分因为压力出现情绪和心理问题的孩子，都习惯采用单一的、僵化的压力应对模式。例如厌学的孩子，一般习惯"见势不对，马上撤退"，固定地运用一种方式来应对问题。

又比如，抑郁的孩子，习惯对压力采取忍耐和强撑的方式，咬牙坚持，孤军奋战，直至精疲力竭。而遇到问题一再妥协、退让的孩子，又可能会太快"躺平"，放弃挖掘自己的潜力，常常失去奋斗和挑战的机会。

换句话说，**压力的四大类应对方式，原本没有好坏、优劣之分，关键在于综合、灵活地运用**。毕竟压力是死的，人是活的。当我们意识到自己或者自己的孩子总是用单一、固化的方式来应对压力时，可以适时提醒并及时做出调整。每个人都会有路径依赖，习惯迎难而上，或者习惯随时撤退，又或者像鸵鸟那样假装什么都没发生，这些习惯会让我们解决问题时更轻松，更省力，同时减少思考和分析成本。但另一方面，它也会限制我们的能力，更容易被压力打倒。最优的方案是增加不同的路径，以备不时之需。

（3）"压力反应"是身体迎接挑战的准备

研究认为"压力会带来负面影响"，这个想法本身就会给身体带来更为严重的负担。也就是说，当我们感觉到压力时，我们会出现头痛、心跳加速、手心出汗、血压升高等身体反应。如果我们把这些反应统统看作是负面的，我们会更痛苦。因为这时候除了压力本身的负面影响，还有"恐惧压力"的情绪加持，无疑是双重打击。

如果我们尝试这样暗示自己：大脑启动一系列的压力反应，都是身体准备迎接挑战的正常反应。比如心跳加快，血压升高，都是身体把能量集中于心脏，助力我们战斗力更强，跑得更快，是身体准备迎接挑战的积极反应。有了这样的暗示，是不是感觉一下子就不同了？

上台演讲前会紧张，这不是脆弱、胆怯的表现，而是大脑在调动身体能量，保持专注力，帮助你更好地应战。身体是最了解我们的需要的，也是我们最忠诚的守护者，经常做这样的心理暗示，事后会发现其实压力没那么可怕。

（4）善于求助，不要害怕给别人添麻烦

很多被压力"折磨"到崩溃的孩子，都有一个习惯：面对压

力，习惯独自硬撑，应对压力完全靠忍耐。时间一长，超出大脑和身体的承受能力，便只能陷入瘫痪，甚至直接影响学习和生活。

我常会问他们："有跟父母说过吗？会跟好朋友、老师说说你的压力吗？"大多时候得到的答案是否定的，理由一般都是："大家都挺忙的，不想麻烦别人。"还没说，就假定这是麻烦别人，没人愿意帮忙，于是三缄其口，独自默默承受。这实际上是把自己放在了孤立无援的位置上，也剥夺了其他人帮助自己的机会，客观上会加重应对压力的负担。

人作为群体动物，基因里就有帮助他人的本能。帮助别人带来的成就感，是很多其他成功替代不了的。所以，鼓励孩子大胆求助，在一定限度里"麻烦"同学和朋友，不仅有利于减轻压力，说不定还能在"并肩作战"当中，自然而然地加深关系呢。

教孩子奔跑，更要教孩子学会跌倒

有人说，真正的悲剧不是从头到尾都悲伤惨烈，而是将美好的、幸福的、成功的一切都当面一片一片撕碎给你看。相比一直待在泥淖里，从云端跌到泥淖里的痛苦更让人难以接受。就像失明的人，若是从小就看不见，悲伤不会那么强烈。而当一个人从拥有光明到不得不终日面对无休止的黑暗的时候，扑面而来的绝望感会将人彻底击垮。

对于孩子而言，学习成绩下降，学校处境突然改变所带来的打击，也可能会瞬间将他们击垮，让他们一蹶不振。很多孩子只学会了奔跑，却从未学习过如何摔倒，以及如何面对摔倒。

❦ "跌倒"不要紧，顺势"躺下"不可取

我接诊过一个高中女孩子，在第一次见我的时候，她就明确地跟我说："我不想好起来，稍微好一点我就会很恐惧，情况一好转我就会害怕要回去上学，就会做自己坐在教室里的噩梦，然后被吓醒。"听后我不禁心中一动，不想上学的孩子，或者说通过生病来逃避上学的孩子很多，但是明确地、毫不掩饰地说出来的倒是少见。她对自己的状态很了解，并且很坦诚，但却拒绝改变。

据我了解，她并不是那种不求上进的孩子。她的父母都是老师，她的成绩在班上也并不算差，班级老师和同学也都很关心她，

不时鼓励她回学校，表达对她的想念。只是这一切都丝毫不能消减她对学习的恐惧。

高中之前，她的成绩一直非常优异，是能够长期保持在年级前几名的那种优异。这种"人中龙凤"的状态，一直持续到她上高中。高一下学期考试分班，她自己选了文科，进了文科最顶尖的重点班。这个班几乎集中了整个年级最优秀的文科生，通过几番了解，她发现班上的同学都很厉害，自己并没有绝对优势，于是压力倍增。

第一次月考前，她花了大量时间来准备考试，反复背诵可能要考的内容，就差不眠不休了。考试时也是奋笔疾书，全力以赴。结果成绩出来后，只是班上的中等水平，而且没有优势学科。

这次月考像一个转折点，她突然不知道自己成绩到底是好还是不好？能力到底是强还是不强？还能不能考出好成绩？她每天都反复问自己诸如此类的问题，越问越没底气，以至于陷入自我怀疑当中，时时刻刻处于焦虑状态，无法安心学习。每到考试前就更加紧张，睡不着觉，严重的时候甚至通宵失眠。明明背得很熟的知识，一到考场就什么都想不起来，手发抖到根本写不了字。

在新班级中没有朋友，她也将原因归结于自己成绩不够好。很多时候她会不吃饭，一个人安静地待在宿舍发呆，有时候就自己哭，静静地流眼泪。情绪崩溃得越来越频繁，完全没办法保证正常的学习生活，最终无奈休学。

除了父母，她中断了和所有人的联系，同学给她发消息她都不回复，也几乎不出门，不见人。用她的话说："我不知道该怎么面对其他人，我都觉得看不起自己，我谁都不想见。"愧疚、丢脸以及弥漫的焦虑，所有的情绪都让她措手不及，她不知道如何应对，只想往后逃，往后退。

待在家的日子就像躺在一个软垫上，什么都让妈妈帮忙做，也暂时不用面对压力。这种状态虽然很舒服，但她内心也很恐慌，不知道这个软垫某一天被拿走了，自己该怎么站起来。她做梦都没有想到，成绩有一天会成为自己无法面对的困难。从小到大，只要定下考试目标，她都能达到，从来没有受过打击。成绩是她的信心来源，是她挂在胸前的勋章，让她能够在人前抬头挺胸。

高二这一年，她不断体会自己对学习的无力感，无论怎么努力，成绩都没有起色。不只是学习，她甚至觉得整个生活都完全脱离了掌控。她很想快点抓住一个东西作为寄托，但却绝望地发现什么都抓不住。

🌸 从云端跌落不可怕，可怕的是没勇气重新开始

我曾接诊过一个高考失败的孩子。孩子从小到大都是"别人家的孩子"，省重点小学、省重点初中、省重点高中一路读上来，学习对她来说简直易如反掌。她并不觉得比其他人努力，但成绩却一直非常好。高考前虽然有些紧张，但还是自信满满，觉得可以考到自己理想的大学。没想到最后只被录取到一个比专科稍微好一点的本科学校，学校位置很偏，周围环境也不好。

去学校考察的时候，她都不愿意去，是父母代替她去的。用她的话说："如果我去了，就代表我接受了这个学校，我是死也接

受不了的。"要知道,她读的学校一直都是省重点,班上的人可谓是藏龙卧虎,目标都是全国顶尖大学。一个不入流的本科学校,对她而言是难以启齿的。

她反复跟我说:"班上有很多成绩比我差的同学,都比我多考了几十分,去了比我好很多的学校,我都不知道以后如何面对他们。"此后,她把全部的同学和老师都屏蔽了,不跟任何人联系。

她坚信人是分三六九等的,到不同的学校就代表不同的等级,去了这个不入流的学校,从此之后就跟同学不是同一个世界的人了。于是,她坚持选择复读。没想到复读才一周,她便坚持不下去了。复读班的学习进度非常快,气氛紧张得让她窒息。她突然发现,一直以为学得很好的科目,跟其他人比起来,完全不值得一提。

更要命的是,她发现自己无法全身心投入学习。对她而言,这是一次只能成功,不能失败的赌注,因为她的下一届就要高考改革,她没有退路。她发狠地说:"如果不是高考改革,我一次考不好就考第二次、第三次,一定要考到理想的学校为止。"可实际上,她复读了两周之后,便读不下去了,只能休学在家。

她每天一醒来就哭,一哭就哭好几个小时,不断自责,抱怨自己高三的时候没有全力以赴。她不断假设:如果当时我不是偷懒玩手机,如果把全部时间都用来学习,结果是不是会不一样,我是不是就能跟其他同学一样考到理想的学校?实际上,据父母说,她整个高三玩手机的时间是屈指可数的。她真的很努力,但有时候努力并不能保证绝对能成功。

生活没法假设，只能接受现实。但从云端跌落的打击到底有多痛，恐怕只有她自己知道。

🍁 挫折不因"年龄大小"而转移

失败的打击，并不会等你准备好的时候才来到，也不会因为你还小就心慈手软。我接诊过一个在小学四年级时严重厌学的孩子，印象最深刻的场景是他叹了口气，无奈地说："我以前还是很优秀的。"看着这个满脸稚气的孩子心事重重地追忆往事，我心里莫名地咯噔一下。在上小学四年级之前，他的成绩一直很好，在班级名列前茅，学习对他来说是小菜一碟，他只要稍微用点心，很轻松就能学会。

加上他运动很好，是学校足球队的主力，经常代表学校到各地去参加比赛，学校绿茵场上经常都有他驰骋的身影。那时候，他是同学艳羡的对象，老师看他的眼神都是温柔和疼爱的。作为正面榜样被表扬，更是家常便饭。那时候，上学是他最开心的事情，生活没有烦恼，时间过得飞快。

然而这一切在上四年级之后戛然而止。四年级时课业变难，开始要写长作文，有着"随便学学"习惯的他，慢慢有些力不从心，成绩直线下降。以前从来不管他学习的爸爸，开始每天督促他完成作业，他也莫名地觉得自己好像变笨了。有时候爸爸一道题讲十几遍，他还是不会，换来的当然就是爸爸的一顿臭骂："你怎么这么笨，这么简单都不会！"

每天回到家，看到爸爸等着自己做作业，他就开始紧张，有时候拿笔的手都有点抖。当然爸爸并没有注意到这一点，反而认定："他就是自己不认真，这么简单的题都做不出来。"随着成绩下降，老师对他的态度也有了明显的变化。点到他名的时候，不再是表扬他，而是变成了："认真点，你看看你最近的成绩，还不认真！"

十来岁的小学生，当然是看老师的态度行事的，原本关系很好的同学，都有意无意地疏远他。短短几个月里，他经历了过山车一般的落差。他接受不了这些变化，解释不通，也消化不了："我觉得大家都嫌弃我了，都希望我最好从这个世界消失。"他想了想，又追忆过去道："我以前其实不错的，挺优秀的。"不知是为了自我安慰，还是为了给我留一个好印象。

十来岁孩子的小脑袋，大概很难想通人们的态度竟然会变化这么快。他们以为生活会一直如自己喜欢的样子过下去，没想过有意外，也没想过有一天会从云端掉下来。是世界变了还是他变了？他回答不了。

🌿 有奔跑就会有跌倒，敢于直面跌倒很重要

上面举了好几个例子，主要想表达以下几点。

首先，失败对于孩子的影响不亚于成人。

在成人眼中，一次考试不理想，朋友绝交，真的算不上什么事，我们不能完全理解孩子面对这样的打击之后的内心煎熬。在孩子单纯的世界里，成绩考差了，跟成人丢了工作面对的绝望、无助和羞愧，从根本上讲是一致的。

不轻视孩子的失败,不否定孩子失败后的悲伤,不想当然地评判孩子的经历,做到这一点尤为重要。

其次,失败客观存在,只要你做事,几乎不可避免会经历失败。

道理看似简单,却经常被我们有意无意地忽略或遗忘,甚至刻意回避。小学成绩好的孩子,我们很容易自然而然地设想他初中也成绩好,未来是清华北大的料。我们不愿意将失败放在孩子成长的选项里,我们不希望孩子经历失败。我们希望他成功,并且一直成功下去,这多么风光,多么灿烂呀。

孩子更无法预想自己的失败,他一直以为"万事顺利",这就是生活的全部,实际上这更像是一种不切实际的幻想。没有人喜欢失败,但也没有任何人能永远不失败。

最后,"挫折教育"是必不可少的家庭教育内容。

我们习惯教孩子怎么奔跑,怎么努力,习惯告诉孩子:只要你努力了,就会成功。然而现实残酷得多,不是你足够努力,结果就一定尽如人意。**有奔跑,就会有跌倒。教孩子如何面对跌倒,这同样重要。**

孩子们需要学习跌倒了,受伤了,怎么清理伤口,怎么包扎,怎么呵护伤口,怎么重新站起来,一步步往前走。我们也将在下一节内容中详细阐述这部分内容。

真正的"挫折教育"应该这样做

"挫折教育"是近几年很火的一个概念,各类培训机构打着挫折教育的旗号,号称带孩子去条件艰苦的地方吃吃苦,饿几顿,弄得脏一点,便能够提升孩子的"抗挫能力"。这是一个明显的营销概念,混淆了"吃苦"和"抗挫"之间的关系,玩文字游戏吸引大众的注意。

当然,其火热和受关注程度也反映出一个现实:在家长眼中,现在孩子的抗挫能力确实很差。

什么是挫折教育?真正的挫折教育不是给孩子制造几个困难,让孩子去"演习"一下。要知道,生活比我们设想中的复杂无数倍。挫折也不等同于吃苦,很多精神上的挫败带给人的痛苦,比身体上的痛苦要难熬百倍。

什么是挫折教育?是在孩子遇到挫折之后,教孩子如何去面对挫折,如何处理挫折带给自己的负面情绪,如何重新出发。知道如何处理失败,有勇气面对挫折,孩子便能够不再害怕失败。

🌿 前期准备:给孩子失败的机会

时下社会提倡的是"稳定教育""稳定人生":好小学、好初中、好高中、好大学、好工作……一路走下去,一切顺利,尽在掌握。一旦孩子偏离这个"正轨",想要走走小路,父母的神经便会马上紧张起来,千方百计劝说阻挠。

识别危险,帮助孩子避开危险,成了家长的本能。 在孩子没有生存能力,没办法判断危险的阶段,这种做法能够最大限度地保护孩子。只不过时间一长,这种保护习惯会成为家长的条件反射,直至剥夺孩子"失败"的机会。

举个例子,我的家庭咨询室里有一个靠窗的位置,因为房屋结构的原因突出来一块,人坐在旁边,站起来的时候若是不小心,便有撞头的风险。神奇的是这块突出来的部位,让我见识到了很多家长与孩子相处的微妙模式。

有的家长会自动选择坐那个"有危险"的位置,并且对他的孩子说:"我怕你坐这站起来的时候又撞头。"我留意他用了"又"字,看来这个孩子平时挺不让人省心,经常撞头撞脚。

有时孩子恰巧坐在那个位置,家长的眼睛便像开了预警灯,时时刻刻盯着孩子的一举一动。孩子伸个懒腰,往上直直身子,家长立即警觉起来:"小心,不要撞到头。"要是孩子准备站起来,父母更是紧张起来:"小心、小心、小心。"一边说着,一边往前伸手,恨不能把手放在孩子头上,确保孩子万无一失。

如果要是条件允许的话,很多家长估计会很乐意把那面碍事且突出的墙拆掉或者填平。

奇怪的是,家长们的好意总是很难得到孩子们的感激,换来的却是不耐烦的嘟囔:"我知道,我知道,我自己能看见。"当然,那些被父母担心撞到头的孩子,都是初中以上的孩子,他们早已经有足够的判断力来确认危险,应对危险。家长们总是出于保护孩子的本能，一直不断地带领孩子走一条安全的路，顺遂的路，没有挫折的路。

抗挫能力训练，在我看来是一个脱敏的过程。从未接触过"失败"这个敏感源的孩子，某一天突然接受大剂量的失败，可能会给他带来崩溃性的打击。恰当的时候，让孩子撞一下头，让孩子自己面对一下失败，是成长中必备的脱敏。

🍁 "挫折教育"中，父母必须过的心理关

（1）接受孩子的失败，不自乱阵脚

孩子害怕失败可以理解，那么父母害怕孩子失败吗？我见过很多父母似乎比孩子更害怕失败，或者更准确一点说，他们比孩子本人更害怕孩子失败。父母们将孩子的人生设计为只有一次机会，必须要万无一失的，任何微不足道的细节出现问题，都能让他们异常焦虑，生出"一切都完了"的念头。

孩子考差了，父母马上就陷入失眠，心里不停地念叨："考这么点分，将来怎么办呢？"孩子上学遇到困难，经常请假，父母就会气急败坏，说出丧气话："上不了就别上了！"自己的孩子比不上别人家的孩子，内心更挫败："我也对孩子倾尽全力，为什么他什么都比不上别人？"

我曾问过一个厌学孩子的家长："你不是希望孩子去上学吗？怎么还说他不想上就不要上了？"她的回答是："我知道他心里想上，才敢这么说的。"这显然是一个经过理智加工的答案，在脱

口而出的那一刻，家长真的对孩子满怀信心吗？还是被打击之后想要试探，看看孩子会不会拒绝呢？或者是家长想赌一把，想用孩子的肯定答案，来给自己增强信心？孩子感受到的是什么呢？孩子泄气地说："我爸妈都不相信我能坚持上学，我自己更没有信心。"面对孩子的失败，家长不能被挫败，这很难，但却很重要。

　　为何家长会那么在意孩子的失败？因为在我们传统的观念里，孩子失败代表父母失败。父母跟孩子是一体的，家长们切身地感受着孩子失败带给自己的挫败。与此同时，从家长的反应中，孩子能够判断自己这次失败的严重性，得出的结论是：很严重。于是，孩子更郁闷，更受打击了。

（2）失败并不丢脸

　　假如我问十个孩子："你觉得失败很丢脸吗？"我想十个孩子都会毫不犹豫地告诉我："很丢脸。"因为大部分人认为：失败者向来是不被待见的。俗话说"虽败犹荣"，事实却是：只有经历失败之后绝地反击，最终获得成功的人，才会被更多的人看到。

　　例如，企业家在成功之后，会津津乐道自己当初失败的经历。但那些最终没有成功的人呢？那些不断尝试，却一直没有获得巨大成功的人呢？很少有人会关心，甚至没人愿意提及。

　　在某种程度上，残酷的现实是：失败有时候并不是成功之母，失败之后可能还是失败。大部分人一生注定是凡人，是普通人，即便热情积极地生活，但依然是普通人。从这个角度上讲，失败原本就是家常便饭，但我们却不自觉地否认这个现实，我们以为"成功才是常态"。

在孩子们那里,他们应对失败的方式是:我宁愿不做事,也不要经历失败;我宁愿不去考试,也不要考试成绩不好;我宁愿不交朋友,也不要经历友谊破裂;我宁愿不上学,也不要让同学看不起。失败好丢脸,为了保持自尊,我宁愿给自己筑一个坚硬的壳,把自己彻底保护起来。

然而,作为家长面对孩子的失败,你们会觉得很丢脸吗?孩子失败代表你没有把孩子教好吗?代表你不是好父母吗?

需要提醒的是,**父母面对失败的坦然,能带给孩子坦然**。坦然接受"失败并不丢脸",是父母首先要过的心理关。

(3) 事情失败 ≠ 人失败

一个孩子跟我开玩笑说:"我怎么才能开心起来?把所有跟我同年级的人都杀了,我能够一直稳居第一,我就开心,也能安心,就不焦虑了。"虽然知道孩子这是在说玩笑话,我听到的时候还是有些毛骨悚然。对失败的害怕和回避,竟然能够让他们对所有的竞争者生出敌意来。

为何这么害怕失败?听得多了,我渐渐明白,在这些孩子心中,这件事情遭遇失败,或者这次考试失败,对他们而言是毁灭性的打击。在他们眼中,不是一两次考试失败,而是整个人的失败。整个人在考试失败的那一瞬间,突然变得一无是处。

回想一下,家长是否随口常说这样的话:"你怎么这么没用?这么简单的题都做不出来?"仔细解读一下,这句话其实不通:

加法孩子
激发学习内驱力的秘密

题做不出来,跟人有没有用能等同吗?他这道题做不出来,那道题可能会做出来;语文做不出来,但是英语能做出来;学习不擅长,但做饭很不错。怎么孩子就没用了呢?

"夸大""概括化",将某一次失败跟孩子这个人失败等同起来,是父母经常犯的一个错误。考试不好等于孩子整个人都毁了,都失败了,于是我们极尽所有语言来夸大失败的影响,希望对孩子造成巨大的威慑力,好让孩子奋发图强,迎头赶上。很遗憾,这只是一个美好的幻想。

说者无心,听者有意。父母只是想威胁一下,强调一下,孩子却入了心,他们坚定地相信:一次失败等于我这个人失败。一次失败可以翻盘,可以重新再来,但若是我这个人失败呢?我整个人都被打上"失败"的标签,被钉上"失败"的牌子,我还有可能翻身吗?

对事不对人,是家庭教育的法宝之一。父母分得清楚人和事,才能帮助孩子客观地、立体地看待自己,而不是孤立地、片面地将自己一票否决。我们教育的目的,不是为了让孩子害怕失败,避免失败,而是要战略性地"小看"失败,不断地去大胆尝试。

🍀 挫折来临时,教会孩子先"清理伤口"

在孩子学走路的阶段,两脚没有协调好,左脚绊到右脚摔倒了,孩子哇哇大哭起来,我们都能理解并且会想尽办法安慰孩子,拍打地面两下,怪地太硬或不平,摔了自己的小心肝。孩子长大了,我们期望他们努力奔跑,一直奔跑;期待他们学习成绩好,最好能拥有各种特长，在各类场合中闪闪发光。

某一天，孩子摔倒了，坐在原地哭起来。他的身边同龄竞争者纷纷超过他，跑到了前面。看到这种场景，家长心中焦急如焚：别人都在跑，你怎么能坐在原地不动呢？这样你就落后了，你之后怎么赶得上呢？还不快点起来跑！我们期望孩子摔倒了立即站起来，斗志昂扬地继续迎头赶上，不要耽误时间，错过机会。然而，伤口不处理会化脓发炎，失败的沮丧和屈辱情绪不哭着发泄出来，会压抑在心里，如鲠在喉。

要教孩子先清理伤口，包扎伤口，分析摔倒的原因，然后再重新站起来，这才是正确的应对之道。 重新站起来后，或许一开始只能慢慢走，走了很长时间才能重新尝试奔跑。不管怎样，家长要记住：落后，总比放弃好。

教孩子处理伤口，可分三步走。

A. 鼓励孩子表达失败带给他的所有情绪，就是帮孩子清理伤口。

B. 父母安静地聆听，表达理解，表达感同身受，便是为孩子包扎伤口。

C. 最后跟孩子一起分析失败的原因，进行系统归类，分析哪些是客观的，哪些是主观的。

几个步骤缺一不可，不可乱了顺序。一上来就分析原因，讲道理，孩子腿还痛着，怎么可能听得进去？伤口还没处理包扎，就要求孩子赶紧站起来跑，重新投入战斗，更是不合理的期待。

孩子遭受挫折，需要先宣泄情绪，表达不安。关键是孩子那些丧气的、负能量的话语，家长能听得下去吗？会显得比孩子更挫败，更沮丧，抑或是怒其不争吗？这便是对父母的考验了。允许孩子因为失败而痛哭，让孩子感受到父母对他们失败的接纳而不是嫌弃，孩子便有了安全软垫，就能够放心着陆。伤口处理好了，再谈重新出发，这才是符合孩子心理规律的处理步骤。

教会孩子这些失败应对技巧

（1）让孩子学会自我关照

作为一个普通人，害怕失败很正常。害怕失败不代表懦弱、胆小或不够勇敢。也就是说，失败会带给孩子双重压力：一是失败本身，二是自己不能坦然面对失败带来的心理压力。由此，孩子陷入不断地自我攻击当中。而这样做并不利于从失败当中恢复过来。

研究发现，**练习自我关照的人能够更快地从失败中恢复过来，孩子同样如此**。就算身边的人都责怪自己，保持一定的自我同情也是必要的。告诉自己："考差了心情不好，感觉很沮丧，这很正常，不是我懦弱。""接连受打击，我颓废几天，也是人之常情。""我已经尽力了，没想到还是做不好，真的很郁闷。"

"自我同情"类似于一种"自我安抚"，能够有效地化解失败带来的心理冲击，可以建议孩子多加练习。

（2）锻炼孩子的"成长型思维"

斯坦福大学心理学教授卡罗尔·德韦克把人的思维分成两类：

一类是**固定型思维**，这类人认为能力、天赋是固定不变的。比如，如果我画画不好，那肯定就不是这块料。另一类是**成长型思维**，这类人认为能力和天赋可以通过努力改变。比如，虽然我现在画不好，但通过学习和努力，绘画能力一定可以得到提高。

看到这里，你一定猜到了，输不起、特别害怕失败的孩子往往拥有固定型思维。在他们眼中，一次考差，初中没考到理想的高中，被喜欢的女孩拒绝，都是终生的耻辱，怎么洗都洗不掉。在他们眼里，好像时间不会流逝，人们不会遗忘，他们自己也不会长大，会一直固守在那个失败的节点上。这样的思维方式，会极大地加重孩子对于失败的恐惧，也会让他们在失败之后，陷入无止境的自我攻击中。

要打破这个状况，需要在日常生活中培养成长型思维，**让孩子相信：人是会变化，会成长的；现在没有的能力，以后可以通过学习掌握；小孩子时做不到的事情，成年之后可以做到**。把目光放长远一些，能够极大地避免作茧自缚。

(3) 做最坏的打算，拿最全的应对方法

不管是孩子还是我们大人，多多少少都对失败有一种抗拒心理。我们常常把失败的后果想得很严重，觉得大家会因此笑话我，否定我，孤立我，爸爸妈妈也会对我很失望，不再爱我。

但这只是一种主观猜测，是停留在大脑当中的"内心戏"，大部分时候都是自己吓自己，是一种无尽的内耗。要打破这种"自我恐吓"，可以试一试下面这种方法：找一张纸，把最坏的结果列出来，分析一下哪些情况可能真的发生，哪些情况根本不符合现实，最严重的情况是什么，自己能不能应对。

稍微分析一下，就会发现之前的猜测和担忧大多都不会发生。真实情况是，很少有人因此笑话我，大部分人什么也没说，有些朋友还会过来安慰自己，说我敢尝试很勇敢。更重要的是，没有同学会因为我失败不跟我做朋友。

做"最坏情况"练习，而不是通过想象来了解失败的后果，会让孩子更容易放下焦虑和恐惧，勇敢地去面对失败。退一万步讲，就算最坏的情况发生了，我们就一定无法应对吗？思考一下各种应对方法，有了底气，自然就能减少恐慌。

加法 4　让家庭成为孩子的后盾

理顺关系：先有关系，才有管教

在亲子教育中，有一个让人很头痛的问题，那就是学了很多方法，用起来却完全不是那么回事。都说要跟孩子平等沟通，结果换来的是孩子蹬鼻子上脸，无法无天；都说到青春期要放手，要让孩子独立，自己管理自己，结果换来的是孩子天天抱着手机，学业荒废；都说要多陪伴孩子，给孩子足够的安全感，结果孩子却嫌烦，陪伴变成了吵架。

面对这种情况，家长们一个头变成两个大，完全不知道如何是好。这其中的问题可能并非出在方法上或者家长的操作上，而是出在关系上。没有适当的关系做基础，再有效的方法也无济于事。

🌸 关系缺失

关系缺失最典型的情况是留守儿童，或者父母长期不在身边的亲子关系，也有部分多子女家庭中，孩子觉得被忽略。

从古至今，我们都认为，亲子关系是天经地义的，父母生养了孩子，就毫无疑问地拥有了对孩子管教、指导的权利。封建时代的"父为子纲"，就是最直观的体现。不知大家是否发现，这样的观念正在一代一代地被淡化，且不再被认同。无论家长们愿不愿意接受，孩子们似乎都在默默地打破这一关系认同。孩子们认为：你之所以能管教我，并非仅仅因为你是我的父母，而是我信任你，尊敬你，我觉得你在带我走上一条光明的大道。

在亲子关系中被忽略的孩子，对家长的感情是很复杂的：既想亲近又想疏远，既埋怨家长又渴望他们的关心。他们对家长的第一期待是情感的连接，而不是冷冰冰的管教。

这种关系缺失的情况下，家长一见面就着急地问他们的学习情况，问他们的成绩，数落他们哪里做得不好。孩子刚见到家长，就好比在火热的心上直接浇了一盆冷水，透心凉。那么，家长就不能管孩子了吗？不是不能管，而是要缓一缓，把关系建立起来是培养管教的基础。

🍃 关系敌对

孩子进入青春期，亲子关系就是一个"鸡飞狗跳，敌来我往"的艰难时期，每天在家里都如同打仗一样。家长们绞尽脑汁，要与孩子斗智斗勇。稍不顺孩子的心，他们就大吵大闹，又是砸东西又是骂人，弄得家长们不知所措。还有一类孩子不搞热战，而是搞冷战，不吵不闹，不哭不喊，整天都把自己关在房间里，连吃饭都要等父母离开之后再悄悄出来吃。看起来家里是风平浪静，却能把父母急疯。

处于如此状况中,大部分的管教方式几乎都难以奏效。要么是几句话不合,就会吵起来,一天一小吵,三天一大吵,使全家人疲惫不堪。要么是拒绝交流,不管家长说啥,都充耳不闻。几次三番之后,家长也心力交瘁,甚至想着不管了,任由孩子去吧。

🍃 关系颠倒

这里所说的关系颠倒,指的是孩子凌驾于父母之上,家庭基本由未成年孩子主导,父母丧失权威的这种关系模式。

虽然现在的教育理念提倡给予孩子足够的尊重和自主权利,但家长还是需要注意,不要把权利过度转让给孩子,什么都让孩子说了算,这样不但无法培养孩子的独立意识,还可能使孩子因自我过度膨胀而无视规则。同时,一个未成年的孩子,自身经验还很欠缺,但却掌握着家庭的生杀大权,在满足的背后,也夹杂着迷茫和心虚,这也会加重孩子的焦虑。就好比让我们普通人突然去治理一个公司,一个城市,能不心虚吗?能不慌吗?

一个家庭的权利,如果过于集中到孩子手上,孩子一不高兴,一发脾气,父母就立刻妥协,管教自然也就无从谈起。十几岁的孩子,连自己的人生都很难完全负责,怎么可能承担起一个家庭的责任,去代替父母做决定呢?

🍃 关系分歧

关系分歧,通俗地讲就是我们一直推崇的"一个唱白脸,一个唱红脸"。

　　表面看起来，这样教育孩子的方式有利于家庭和谐，一方教训完，另一方很快跟上来安慰孩子，配合默契，相互补充。实际操作上，却很容易变成：一方教育孩子，另一方无意识地拆台。

　　妈妈训诫孩子：时间到了，不上交手机是错误的。刚说完，爸爸很快就上来打圆场：超过一两分钟没事，哪有那么准时的。爸爸妈妈要求孩子吃饭不能看电视，爷爷奶奶马上说好话：孩子嘛，吃饭要吃得开心，心情好了，消化才能好。如此一来，家庭就在无形中分成了好几派，上演一出现实版的"公说公有理，婆说婆有理"。

　　孩子该听谁的呢？谁的观点对我有利，我就听谁的呗。孩子的年龄特点决定了他看到的，大多时候是表面的、短期的有利，简而言之就是谁赞成我看电视，玩手机，我就听谁的。谁让我做不喜欢的事，我就找另一方告状，在家长之间钻空子。

　　另一个不良的影响是：家里观点过多，孩子不知道该听谁的，会迷茫、混乱。一个家庭中劲不往一处使，就容易有冲突和战争。在这种氛围下，孩子的安全感也会更弱。在这样的关系当中，想要贯彻某种管教策略，自然是难上加难。

🌿 改善不良家庭关系的方法

（1）分析家庭互动模式

　　之所以在前文花大量篇幅来详细描述各类家庭关系模式，主要是希望提供一个参考，方便大家觉察和分析自己的家庭关系状况，并找出亲子关系问题真正的症结所在。

家庭亲子关系是过于敌对呢，还是过于疏远，又或者总是有人在拆台？搞清楚这一点，才能对症下药。当我们长期习惯一种家庭互动方式，可能会对其中的模式浑然不觉，不由自主地被带着走。家长被困在其中，却又无可奈何。有了觉察，才有改变的可能。

（2）建立相互信任的家庭氛围

怎样的亲子关系才是最好的呢？父母拥有一定权威就一定不行吗？一定要给孩子最大程度的决定权，让孩子最大限度地去试错，去自我发挥吗？事实上，每个家庭的经济条件能够提供的支持不同，因此不能一概而论。毕竟有些试错成本，不是每个家庭都能承受的。作为家长，只能根据家庭实际情况，尽可能地给孩子提供足够多的支持。

在家长众多的支持当中，给予孩子"信任"，是亲子关系中最重要的一环：孩子相信父母是真的为自己着想，而不是打着"为你好"的幌子来控制自己；孩子相信父母在自己遇到困难时会伸出援助之手，竭尽全力地帮助自己。量力而行，外加相互信任，有了这两点基础，很多管教问题就能变得顺畅起来。

（3）坚持一个方向

家长带孩子到处学习，频繁地更换教育策略，这不是一个可取的做法。今天听这个老师说要放手，要尊重孩子，想上学就上学,不想上学就随着孩子,于是放任孩子,想干吗就干吗。第二天,听另一个老师说孩子不管不行,孩子不管教就废了,到时候后悔都来不及,于是觉得这样子放任下去不行,就赶紧严格要求孩子,不断督促孩子。忽左忽右,孩子都懵了,家长到底要怎么样?家长也觉得懵,怎么所有方法都不管用,怎么做都不对?

问题可能就出在:频繁地变换管理孩子的方法,并且过于依赖方法和技巧,却忽略了家庭教育的其他方面。

家庭教育不是简单地打针吃药,更像是种地,不仅种子要好,还要考虑土壤、天气等因素的影响。一个方法行不通的时候,要查一查是不是土壤的问题,土壤太过板结了,还是缺水了,还是太疏松了?我们说的关系问题,就是在查验家庭土壤的问题。土壤有问题,种植方法再科学、合理,也长不出好的果实。

信任重建：孩子对父母的信任，是怎么消失的

良好的亲子关系基础在于信任。孩子小的时候，对父母是绝对信任的，无条件的，他们认为父母就是他们的天，父母的话就是真理。直到有一天，情况发生了变化，孩子开始隐藏秘密，甚至防备父母。更有甚者，孩子开始与父母敌对、抗争，关系比陌生人还不如。这种情况，父母当然心寒。那么亲子之间的信任，究竟是怎么消失的呢？

案例1：对父母信任的消失，源于父母对自己的不信任

（1）一个孩子的自白：被最信任的人辜负

一个来访者跟我分享过他的经历，讲往事的时候他已经成年并参加了工作，但他仍然清晰地记得自己在学生时期遭遇的委屈和误解。高三的时候，他的妈妈为了帮助他抓住最后的冲刺机会，给他报了补课班。他也很配合，积极去上课，期待着成绩的提升。但他没想到这会是他噩梦的开始。

他原本对补习老师没什么意见，因为老师教得很不错，在学生面前也很友好、尽职。只是老师特别喜欢跟家长交流，事无巨细，有时候甚至会在不经意间跟家长告个小状。当然，站在老师的角度，他只是想拉近跟家长的关系，建立相互信任，倒也无可

厚非。谁知就是这些看似无伤大雅的举动，却闹出了大误会。

某一天晚上，补习老师照常跟他妈妈聊天，他远远地看到妈妈的脸色越来越不对，心里就莫名地忐忑起来。果然，回家之后妈妈就对他破口大骂："我省吃俭用给你报补习班，你却上课玩手机！我交了那么多的钱，你还不好好学习，还玩手机！"说到激动处，妈妈冲到他的房间，一把抓起他的试卷撕了，还动手打了他。

他一脸懵，为了杜绝玩手机，他的智能手机早就换成了老年机了，他怎么玩手机去？拿老年机打贪吃蛇吗？再说补习班里一共就七八个人，又是隔断的透明玻璃门，一举一动都尽在老师和家长的眼底，怎么敢玩手机？显然，他妈妈没有仔细分析这些。妈妈又是骂，又是哭，谁劝都不听。

他问妈妈是谁跟她说的，妈妈说："是补习老师说的，你在学校天天上课玩手机，所以成绩才这么差，还说有好多同学都告诉他了。"也就是说，妈妈是听补习老师说他在学校上课时玩手机，而补习老师又是通过别的同学告诉他的。看看这消息转了多少手？说"以讹传讹"绝不为过。

孩子气不过，跟妈妈大吵一架。他质问妈妈："那个老师根本不认识我的同学，他是怎么知道我上课玩手机的？"妈妈挺直身子说："老师就是知道，人家都已经说了。"他气急了眼，顺手把手机砸在墙上，红着眼睛告诉妈妈："明天就去学校问所有的同学和老师，如果我有一次上课玩手机，我就从学校退学！"

妈妈被他决绝的态度吓到了，也没有再说什么，默默地出去了。这件事也就这么不了了之,可是他没办法忘记。为了老师那么一句谎话,妈妈毫不犹豫地站在他的对立面,质疑他,否定他。从那天开始,他就在心里埋下了"不信任"的种子,被最信任的人辜负,那种感觉至今都记忆犹新。

(2) 信任孩子,不轻易下结论

作为父母,我们有时候会很奇怪:为了一点小事,孩子就那么激动,至于吗?就像这个孩子分享的经历,上课有没有玩手机,真的那么重要吗?如果玩了,就改正,下次不玩就行了;要是没玩,就当老师和妈妈误会了,有什么大不了的,至于那么耿耿于怀吗?但在孩子眼中,还真至于。

他们要争的不是事实,他们要争的是最亲近的人遇事是不是愿意站在我这边,先尝试相信我。父母们有时候很奇怪,很容易被"外人"的说法左右,第一时间怀疑自己的孩子:"老师都说了,你就是上课玩手机!""奶奶都跟我告状了,你就是对她大喊大叫!""班上那么多人,怎么同学就只欺负你,肯定是你的问题。"

看似轻描淡写、无关痛痒的"说法",却像一把刀把孩子逼向了遥远的地方。相信一个人的前提是对方也信任自己,父母对孩子不信任,也会诱发孩子防备、疏远父母。鉴于此,如果孩子的说法和老师、长辈、邻居的说法有出入时,父母是不是可以先冷静下来,多方了解一下事情的真正经过?孩子虽然小,但对于事实和真相,他们也有自己的判断,他们眼中的"真相"也需要被尊重。

就算是判案，也得找一下人证、物证，查一下监控，是不是？别人一告状，就立即收拾孩子，"冤案"的概率自然就增加了。孩子的心被伤了，对父母的信任也就消失了，以后想要重新修复和弥补，就不是那么容易了。

案例2：不要透支孩子的信任，家长的承诺要兑现

之前收到过一个家长提问，内容是这样的：曾答应孩子连续3次考到年级第一，就奖励他5000元。没想到孩子真的考到了，可以不兑现承诺吗？

首先让我们来讨论一下：答应孩子的话必须算数吗？如果不算数会怎么样？在亲子教育中，这是时常碰到的难题。要做到"一诺千金"很难，特别是当对方还是一个不谙世事的孩子的时候。下面就根据这个案例，展开来说一下这个问题。

（1）孩子的世界很小，"父母承诺"对他是件大事

存有侥幸心理，想着孩子过段时间就不记得了，这种情况不太可能。5000元钱对于成年人都不是小数目，更何况是一个没有经济收入的孩子。又何况为了取得三次年级第一，孩子付出的努力和心血，恐怕只有他自己才清楚。

就算基础不错，要考年级第一，而且还是连续三次，都不是"随便学学"就能实现的。父母失信这件事，大概率会在孩子心目中留下深刻的印象。

(2) "失信"会破坏亲子关系

孩子在跟父母打赌的时候,完全没有质疑过:"爸妈会不会是忽悠我的?故意这么说着玩的吧?""我考到了,他们到时不给我钱怎么办?""我考到了,他们耍赖怎么办?"

孩子丝毫没有疑惑,就满怀着期待埋头努力学习去了,可见他对父母很信任。这当然是件好事,也从侧面证明父母平常跟孩子相处得不错。但凡事都有两面性,**越是信任一个人,就越是在意对方的一举一动**,对于对方的"忽悠""欺骗"就越是难以释怀。

一次失信,下一次孩子还能不能如此信任父母的承诺,可能就要打个问号。诸如此类的事件,如果次数多了,再好的亲子关系也会遭到反噬的。

(3) 尊重孩子,才能不辜负孩子的信任

关于兑现承诺的事,父母向孩子澄清过吗?或者哪怕用心解释一下,商量一个解决办法。还是单纯就说:"爸妈只是随口说说,谁想到你就当真了呢?"或是直接倒打一耙,把责任推到孩子身上:"跟爸妈还那么斤斤计较,我们还不是为了你学习好?""学习是你自己的事情,难道你的成绩是给爸妈考的?"

其实,不同的应对,效果是完全不同的。是否真的给孩子钱先放在一边,但认可这5000元钱是父母承诺的,是应该给孩子的,这个态度其实在孩子看来更重要,表明父母是把孩子当作一个平等的人来尊重和看待。孩子需要感觉到自己的努力被尊重,

自己的信任是有价值的，而不是随意被敷衍的。

（4）承诺前想清楚，承诺后要坦诚

如果父母真的无法做到兑现承诺，最好直接跟孩子说明，至少让孩子感觉到父母对这件事情很重视。千万不要为了父母的"威严"，把锅甩给孩子。

如果是担心这 5000 元钱孩子拿到手会乱花，可以跟孩子商量把钱先存进银行里，并且当着孩子的面把钱存进去，而不是一句空头支票。

如果父母最近真的经济拮据，那也可以跟孩子商量，可否减少到 2000 元，甚至 500 元，然后剩下的分期付款，或者这个钱先帮孩子存着，之后买东西时取用。

总而言之，这件事需要有个交代，有个说法，而不是不明不白地蒙混过去。父母需要注意，对孩子承诺前，要想清楚自己是否可以兑现。**一旦承诺，就尽量去实现，即使真的有难言之隐，也要和孩子坦诚沟通，切忌因为孩子小而不重视。**

（5）兑现不了承诺时，也不要否定孩子的情绪

父母如果真的有难处兑现不了承诺，从孩子的角度而言，也同样会感觉失望，遭受打击，甚至会感觉被愚弄了。毕竟是家长先答应了孩子，所以孩子在感觉被欺骗后，心里有气也是人之常情。允许孩子表达自己的情绪，哭闹一下，宣泄一下，或者允许孩子在一段时间里，反复提到这件事，对父母不依不饶，因为这些表现都是孩子在消化事件和情绪，让事情和情绪在内心里真正过去。

如果此时父母慌忙打压孩子并推卸责任,那么孩子的情绪就会被挡回去,就如同一个没有清理和消毒就匆忙被盖住的伤口,虽然看不见了,但却一直在发炎、流脓。比如,有的父母可能会说:"你怎么就不能体谅体谅父母呢,我们挣钱容易吗?""你就不能懂事一点吗?5000元钱你要拿去干吗?""爸妈跟你打赌,还不是为了激励你,目的达到了就行了。我们平时没给你花钱吗?你要跟爸妈算账?"这样的做法只会让孩子的内心更加受伤,亲子关系也会变得更加紧张。

打压孩子并推卸责任,这些话虽然暂时很管用,孩子很可能就不敢再吭声了,但是,信任一旦被破坏,愤怒又被强行压抑下去,那么就会成为"怀疑"病毒滋生之所。这样一来,虽然短期内问题好像解决了,可实际上却潜藏着长期的、非常大的麻烦。

有效沟通：为什么孩子不能跟父母好好沟通

为什么孩子总是不能跟父母好好沟通呢？这应该是很多家长，特别是青春期孩子的家长百思不解的问题之一。父母们希望孩子有什么想法，都能好好地跟父母沟通，有什么心里话能坦诚地说出来，一家人好好商量。这个要求并不高，怎么到孩子那里就那么难呢？

青春期的孩子，要么一言不合就拒绝沟通，要么一不顺心就大哭大闹，不达目的誓不罢休，说什么都不听不进去。还有的会采用更极端的自残、以死相威胁等方式，逼迫父母妥协，弄得家长们提心吊胆，如履薄冰。

父母们怎么也想不通，明明是一家人，怎么好好沟通就那么难呢？

🍀 孩子表达了，但父母没有听见

解答这个问题之前，我们先从一个网友分享的"洗澡"故事说起。这个网友名叫"红烧肉"，那我们就给他简单标记为"小肉"。小肉生动详细地回顾了他小时候洗澡的纠结经历，从中可以窥见某些问题的端倪。

小肉小的时候估计身体不太好，容易生病。妈妈特别怕小肉会感冒，所以帮他洗澡的时候会用很烫很烫的热水。妈妈很尽职尽责，每次打好水都会用手试试水温，确认合适才会把他放进澡盆里。热水当然不至于把人烫伤，可对于皮肤娇嫩且大半个身体都要泡在水里的幼儿来说，那个水温着实滚烫，烫得小肉身上怪疼的。

那个时候小肉已经四五岁了，能表达自己的想法，于是他本能地发出了抗议，不止一次地跟妈妈申辩："水太烫了！"然而妈妈再次确认水温后，坚定地反驳道："我觉得一点都不烫啊，没事，洗着洗着就凉了。"妈妈边说边熟练地把水浇到小肉的身上。

次数多了，小肉就知道说了也没用，说了也白说，洗澡水还是那么烫，也就不说了。此后一听要洗澡，小肉都忍不住撇嘴，一脸痛苦。

直到有一天，事情迎来了转机。

🍁 哭比说有效

有一次妈妈试过水温后，熟练地把小肉放进洗澡盆里。那一次的水很烫，比以往任何一次都烫。原本经过多次"锤炼"，小肉已经被烫习惯了，每次都安慰自己：洗着洗着就凉了，忍耐一会儿就好了。每次靠着坚强的意志，小肉都一声不吭地坚持了下来。可是那一次水真的太烫了，小肉想到一会儿妈妈就要用毛巾沾着热水打湿他的整个身体，一种莫名地恐惧就席卷而来。小肉本能地想直接告诉妈妈："水太烫了！"然而，几乎同时脑海里自动脑补了一段画面：他跟妈妈说洗澡水太烫，妈妈说一点也不烫，继续给他洗澡，他又不得不默默忍受。

加法孩子
激发学习内驱力的秘密

一种绝望感袭来，一时间小肉不知所措：说也不是，忍耐着又难受，左右为难，又急又气，无助又绝望，终于小肉崩溃了，号啕大哭。妈妈直接吓住了，连忙问他怎么了。他抽泣着，艰难地说："洗澡水太……烫……了！"妈妈很明显长长地松了口气，提到嗓子眼的心放了下来，然后轻松地说："这有什么好哭的！"一边给他兑进凉水。

妈妈可能觉得小肉哭是件很莫名其妙的事，不就是兑个凉水就能解决的事么，有什么好哭的？当然，她无法想象小肉哭着说出"洗澡水太烫了"这几个字之前，经历过怎样的挣扎和内心斗争。毕竟在成年人眼中，这实在是一件小到不值一提的事。

从此之后，妈妈每次在小肉说"水太烫"的时候，都会象征性地加点冷水，她不想小肉再因为这样的小事哭闹。小肉这次成功的经验，让他学到了一个制胜的法宝：哭比说有效。他坚信：**如果你不哭，家长就会觉得你所说的事情并没有那么重要，会认为小孩子的话只是随便说说而已，转头便会忘记，继续按照家长的意见操作，或者简单说服孩子后，就将事情抛在脑后。**

❦ 孩子的"另类沟通"方式

有句很流行的调侃是："有一种冷，叫妈妈觉得你冷。""有一种饿，叫妈妈觉得你饿。"实际上，成人的皮肤厚度和耐受力，都要比孩子更强。以手试水温来判断孩子感受的冷热并不科学，同样，**完全按照父母的角度来帮孩子做选择，下判断，也必然会压抑孩子的表达欲望。**

帮孩子做选择，下判断，固然包含着父母的关爱，然而无法否认的是，**我们在某些时候会不自觉地忽视孩子的意见**。小肉如今虽已长成一个小伙子，然而他的泪点却似乎很低。尤其是在与父母沟通的时候，稍一激动，眼泪就会不听使唤地掉个不停。在他的潜意识里，或许仍然坚信只要自己不哭，父母就不会把事情当回事，就如同小时候那样。

作为父母，经常很难理解孩子在沟通中的种种异常表现：动不动就生闷气，一句话不说，就把自己关在房间里；稍不如意就大哭大闹，哭得撕心裂肺，直到愿望满足了才罢；总是很难好好说话，说着说着就激动地大喊大叫起来，沟通最终变成了吵架。更有甚者，孩子会通过"生病"来表达他们的情绪和想法。

总之，明明有阳关大道可走，孩子却偏偏选择既费力又让家长难以理解的方式表达，把家里弄得乌烟瘴气，不得安宁，这又是何必呢？其实原因很简单，**孩子的正常沟通没用，就只能另辟蹊径**。如同小肉一样，孩子们坚信：只有这样做才会有效果。不管父母是真心理解，还是无奈地妥协答应，总之，有作用就行。

还有一类孩子，在数次沟通后，若感觉自己的意见始终未被尊重，便会直接封闭内心，缄口不言。他们要么加入"关门派"，躲进自己的小房间，沉默不语；要么施展"演技"，表面上云淡风轻，嘻嘻哈哈，将所有情绪和不满都藏在心里，一字不吐，任由情绪在内心不断积压，直至崩溃。与那些大喊大闹的孩子相比，这类孩子实际上更具风险，对父母的信任度也更低。

家长们要知道，那些走向另类沟通方向的孩子，不仅增加了亲子沟通的成本和精力，也更容易造成误解和分歧，所以家长们需要充分重视，及时进行引导和干预。家长要让孩子学会坦诚沟通自己的想法，并善于争取到家庭的支持。

🍁 父母很难真正信任孩子

孩子在家庭中是处于弱势地位的：论身高，他们只能仰视成年人；论经验，父母吃的盐比他们吃的饭还要多；论知识和能力，他们更是难以和父母多年的积淀相提并论。所以，家庭的话语权基本都掌握在父母手中，在大多数的情况下，孩子的想法和感受往往处于被忽视的境地。

对于孩子，我们很容易生出"怜惜""保护""关爱"，却很难给予"信任"。家长总觉得他们那么小、那么脆弱，什么都不懂，没有判断能力，需要父母帮他们拿主意，不然会受伤。这样的出发点当然是好的，只是从沟通的角度而言，平等、尊重才是构建良好亲子关系的基本前提。

作为成年人，面对一个凡事都否定下属，坚持"一言堂"的领导，我们是不是也很难持续地跟他反馈自己的意见？面对家长，孩子也是同样的心理。**想要孩子好好说话，前提当然是父母能够好好"听话"。**在孩子正常地、平静地表达观点的时候，家长要专注地倾听，思考一下孩子话语的合理性，或者基于孩子的表达，调查一下事情的原委再做出回应。其实操作起来很简单，家长可以从孩子说"洗澡水太烫"时就相信孩子，向洗澡水中添加一点儿凉水。

当然，沟通一定是双方共同努力的结果，有不少孩子"努力"错了方向，增加了亲子之间沟通的难度和成本，家长也需要教会他们一些实用的沟通小技巧。

✤ 让孩子学会沟通的小技巧

（1）用"理智表达"替代"一哭二闹三上吊"

在临床咨询中，常会碰到一些孩子，他们在同龄人中属于成熟、有想法的类型，说到各种问题也都能侃侃而谈，逻辑清晰，有理有据。奇怪的是，他们一旦坐到父母身边，就好像"中了邪"一般变得蛮不讲理，一言不合就发脾气，撒泼打滚，就是不能平静地好好说话。于是，原本正常的亲子沟通，大概率会变成一场战斗，最后不欢而散。

孩子也很委屈，事后会说："我好好说话，我爸妈是不会认真听的，他们根本不会放在心上。"只有当他发脾气，撒泼打滚的时候，爸妈才会重视，最后才会妥协。也就是说，孩子坚信只有"发脾气"式的互动方式才有效。只是这些孩子忽略的是，他们越是用这种"幼稚"的小孩子的方式表达，父母就越会把他们当小孩看待，就越难站在平等的位置上来跟他们沟通。于是，父母对他们的意见也就越难信任，这就造成了一个恶性循环的局面。

其实，父母应该教会孩子沟通技巧，让孩子善于以更为长久且有效的方式，运用理智且具有说服力的方法，持续与父母进行沟通。若一次沟通未能成功，那就多次反复尝试。还可以查找一些相关资料，搜寻有利于自身观点的证据。总之，要致力于让父母真正理解并接受自己的观点。父母也要善于给孩子讲这样做的好处与道理，并在孩子试图努力沟通的时候，给孩子信心并鼓励孩子真实表达自己的想法，做孩子坚实的后盾。

(2) 用自己的"独立思想"征服父母的心

大部分家长意识到孩子真的长大时，都是晚于孩子自身成长的时间的。父母们跟幼儿期、少年期的孩子相处的时间过长，会有一种固有思维，认为孩子就是小朋友，需要照顾，需要安排，不放心孩子自己处理事情。这也是为什么父母很容易忽略孩子想法的原因，父母总觉得："小孩子不懂事，知道啥？"

父母们其实很难主动放下这一固有偏见，除非孩子的表现能够让他们刮目相看。

知道了这一逻辑，**父母可以鼓励孩子平时多展现自己的独立想法，也可以鼓励孩子多独自承担一些重大事项，以刷新父母对他的认知**。孩子需要做的是，主动去促进、推动父母接受和面对自己已经长大了的现实。平时一有机会，就多向父母展示一下自己的观点和看法，自己对未来的规划。有可能的话，家庭的大事件，如装修、经济规划之类的，自己也可以尝试争取一下话语权。

不完全寄望于父母主动来了解自己，而是把被动等待变为主动出击，渐渐地以自己的行动和表现来争取跟父母平等的对话权。

(3) 扩展"社会支持系统"，寻求成年人的支持

出于孩子身份和阅历的限制，有时候孩子的想法不一定能得

到父母的重视和理解，这时候就可以充分利用一些"中间人"，或者权威身份的成年人，让其辅助沟通，进而实现事半功倍的效果。

在做青少年心理工作的时候，心理医生很多时候就是在做一个"中间人"的角色，促进亲子顺畅沟通，澄清双方的误会。神奇的是，大部分孩子的情绪和问题，都能在这个过程中得到充分解决。

除了心理治疗，也可以让孩子发掘一些身边更能够理解、支持自己的成年人，例如学校老师，家里有智慧的长辈，同学家长等，来帮助自己"传话"，以达到将自己的想法准确传递给父母的目的，进而减少不良情绪对自己的困扰。这其实也是在扩展孩子的"社会支持系统"，把自己跟父母沟通时的弱势地位，转化为更有说服力的平等位置，增加自己跟父母沟通时的成功率。

加法孩子
激发学习内驱力的秘密

摆正位置：孩子应处孩子之位，父母当居父母之席

我们总以为自己在保护孩子，殊不知很多时候，孩子也在默默地保护父母。在很多家庭里，有的父母像孩子一般情绪化，害怕承担责任，而孩子却像大人一样，在做家庭的定海神针，这类情况并不少见。

客观而言，家庭模式没有好坏，它是每个家庭日积月累形成的约定俗成的相处方式。孩子做家庭的定海神针这种模式，大部分时间里都能够保证家庭的顺利运行。但在遭遇打击或者孩子出状况时，这一模式的弊端就会显现出来。

需要安慰的是父母

一个孩子说："我妈妈一焦虑就想抱我，我被她抱着，感觉很别扭，但又不能走开。"我问："你爸爸呢？怎么你妈妈不去抱爸爸？"她无奈地回答："我爸爸回到家，不是玩手机就是睡觉，什么事也不管。"当然，妈妈并不认为自己在寻找孩子的支持，她坚信是孩子在焦虑，孩子需要支持，自己抱孩子是为了给孩子安慰。

我们打个比方，一个在寒冬里从冰水中出来、冻得瑟瑟发抖的人，因为冷得不行，所以急需寻找温暖。当看到穿得不多且看起来也有些冷的孩子时，这个人当然会走上前去一把抱住孩子，相互取暖。至于究竟是谁更冷，谁更需要安慰，这时就成了一笔

糊涂账，怎么也算不清了。

明明是自己冷，家长会坚持认为是孩子冷，这是亲子之间一种奇怪的"共感"。在心理学上，把这种情况叫作情绪投射。家长越冷，把孩子抱得就越紧，却忘记了一个寒冷的父母，根本不可能带给孩子温暖和希望，反而是孩子在用小小的身体温暖父母。很可惜，孩子小小的身体能提供的温暖有限。这样的场景，大家或许会被孩子的孝顺和懂事所感动，殊不知这种模式下却暗藏着危机。

❦ 收拾残局的孩子

在一些家庭中，还有这样心照不宣的关系模式：父母吵完架，爸爸摔门而出，出去散心、发泄。妈妈独自坐在沙发上哭，孩子这时候默默地走过来，安慰妈妈，听妈妈数落爸爸的"混蛋罪行"："自己家里家外的操劳，你爸什么都不管，回来还对我挑这挑那。""出去外面鬼混，不知道认识些什么人，还要不要这个家！""要不是为了你，我真的不想再受这个气，早就离婚了！"

孩子一边倾听妈妈的哭诉，一边陪着妈妈落泪，还轻声安慰着妈妈，甚至陪着妈妈一起骂爸爸。孩子那时的模样，仿佛一个深谙此道的行家，一切都显得轻车熟路。

有人摔门而出，就一定会有人默默留下收拾残局。在家庭中，最忠诚的一定是孩子，他比任何人都更看重父母，看重这个家。父母都可以摔门而出，甚至离开家庭，组建新的家庭，但孩子不行。在孩子没有独立的生存能力之前，这个家庭是他们唯一的依靠。因此，他们会拼尽全力去维持、修补家庭的漏洞，只要父母需要，他们也能赴汤蹈火，在所不惜。

🍃 靠孩子支撑的家庭不稳定

我们需要进一步探讨的问题是：孩子果真有能力安慰和支持父母吗？父母凭什么不能在孩子面前扮演"孩子"，让孩子支持、反哺一下自己呢？看他们熟练的操作，体贴的话语，细致的观察，耐心的倾听，简直就像专业选手。他们明明有这个能力，也是自愿为父母提供情绪价值的，有什么问题呢？

是的，孩子们也以为自己拥有这个能力，不就是承载一下父母的情绪吗？爸妈对自己那么好，自己为爸妈做这点事情又有什么呢？不仅如此，当他们内心虚弱的时候，他们还会吹气一般，壮大自己的能力，让自己看起来更值得信赖和依靠。

通常情况下，在孩子自己没有困扰时，他们基本上可以勉强做到这些"反哺"，家庭也能因为孩子的"强大"支撑，继续相安无事地维持下去。只是这样的家庭关系模式，地基虚弱且摇摇欲坠，注定是经不起风雨的。

为什么很多孩子会在青春期时出问题？因为**青春期是孩子各种复杂挑战扎堆的年纪**：学习压力，身体发育，对外貌的关注，对异性的好奇，对他人评价空前绝后地在意，对从童年迈向成人的惶恐和不安……所有这些集中在一起，足以让他们焦头烂额，应接不暇。

在如此内忧外患之下，他们不仅无法从家庭中获得支持，还需要继续在情绪上"反哺"父母，承担不属于自己的家庭责任，这显然是超负荷的。在他们眼中，父母才是需要他们安慰的"孩子"。长时间的超负荷运作，相当于总是以百米的速度来跑马拉松，情绪崩溃也就是早晚的事。依靠孩子撑起来的家庭，可以说是风雨飘摇，很难长久地维持平静。

家庭模式一旦形成，没有特殊原因便会几年、十几年地固定下来，每个家庭成员都依照惯性履行自己的职责，家庭也因此得以正常、平稳地维持下去，直到有人出问题，或有人站出来寻求改变。

❦ 关系"颠倒"产生的影响

（1）父母丧失权威

家庭关系"颠倒"的另一个隐患——父母会丧失权威性。当孩子站到父母的位置上，去为父母遮风挡雨的时候，他自然也会要求享受这个位置的权利。只有付出没有权利，这不符合人性。在这样的情形下，当父母想要对孩子进行管教时，便会显得心虚且怯懦，似乎管教之举变得名不正言不顺起来。

以血肉之躯维护了家庭的平衡，难道他想拥有绝对的话语权都不行吗？不仅如此，在某些特定的时候，父母也会自然而然地给予孩子绝对的信任和依靠，满心期望孩子能够拿主意，为家庭做出重要的选择。我常听到一些父母会说："我的孩子比他爸（他妈）可靠多了。"这些孩子在仅仅十来岁的年纪，就被真实地摆到成人的位置上。

这类孩子从外表上看成熟且充满力量,仿佛能够独当一面。但实际上,他们的内心却无比虚弱、空洞,就像一个身着大人衣服的孩子,在那里指点江山,模样显得别扭而滑稽。这种孩子往往会误以为自己真的无所不能,那种膨胀的力量感犹如一阵迷雾,让他们眩晕其中,进而失去对真实自我的客观判断力。

父母的权威,在某种程度上能够制衡孩子的这种膨胀感,去化解他内心的空无感。但一部分父母却自动放弃了权威的位置,反而仰望、依靠孩子,这就导致孩子对自己的能力缺少客观地评估,常常拥有一种虚假的"全能感"。久而久之,父母丧失权威就成为可以预料之事。

(2) 不健康的家庭"倒三角"模式

每个家庭都有自己固有的关系模式,家庭成员依照这个模式安排自己的生活,按照这种约定俗成的规律运行,每个人也会安心、踏实。**父母成为孩子,孩子成为"大人",这样的家庭模式,我们称为"家庭倒三角"**。有"倒三角"当然会有"正三角":夫妻之间相互支持和依靠,孩子在下,享受父母的抚慰和帮助。"倒三角"则是孩子在上,以顽强的自身力量保护"弱小"的父母,在父母需要时,随时提供力量和能源。

夫妻之间无法相互支持,转而依靠孩子,向孩子表达自己的困惑和委屈。孩子有求必应,成为人人称羡的"小大人"。那么问题又来了:是不是忍着不说,假装家庭没有问题,家庭就能一直如此相安无事地维持下去呢？答案是否定的。

要知道，这些站在家庭核心位置的孩子，都是敏感而聪明的人精，对父母的情绪了如指掌。家庭氛围是压抑还是轻松，夫妻之间是恩爱还是同床异梦，父母是有力量的还是虚弱的，这些通通逃不出孩子的法眼。一个长期感觉到家庭是压抑、不安全的孩子，极容易出现心理问题。只有父母之间的支持足够稳固，孩子才能安心地待在"三角"之下，无忧无虑地成长。

父母要在父母的位置上，孩子才能安心地在孩子的位置上。 位置颠倒了，在孩子撑不下去时，问题自然也会暴露出来。

（3）孩子难以支撑起"双重身份"

长期在"小大人"位置上的孩子，厌学的风险会高很多。稍微分析一下就会发现，这样的孩子相当于拥有"双重身份"：既是学生、孩子，又是家庭的调节者、平衡器。没有工资，长期打着两份工。

大部分孩子能够扮演好学生的角色，完成沉重的学业，已经是佼佼者了。当孩子学业顺利，在学校轻松、愉快的时候，两份工还能坚持干下去，因为学习这份工作，他能够相对轻松地胜任。一旦在学校遇到压力和挫折，孩子无法从家庭中获得支持和帮助（父母还要指望他来安慰），孩子会快速陷入孤立无援的状态，进而引发一系列连锁反应：自我封闭、厌学、焦虑、宣泄对家人的不满……沉重的压力背负太久，爆发只是个时间问题。

要解决孩子的厌学问题，就需要给孩子减负，把不属于他的责任归还给父母，让孩子安安心心当个学生。父母在该站出来的时候，就不能往后躲；当孩子试图站在父母的位置上时，父母要及时阻止，教给孩子合适的家庭互动原则。

❦ 孩子应学会家庭相处原则

（1）不要试图拯救父母的婚姻

很多孩子总是会有一个幻想：自己可以拯救父母的婚姻，只要自己乖一点，懂事一点，优秀一点，父母的婚姻就会更长久，家庭就会更和谐，爸妈就不会吵架。

一旦抱着这样的幻想，孩子就把自己放在了拯救者的位置上：整个家庭的拯救者，父母婚姻的拯救者。这对于一个十来岁的孩子来说，是根本不可能完成的任务。孩子越是抱着这样的幻想，试图去扮演一个"拯救者"的角色，就越是会挫败和失望。有些孩子甚至会因此陷入自我怀疑当中，觉得是自己能力不行，保护不了家人。实际上，根本问题是孩子站在了不适合自己的位置上，在做一件不切实际的事情。让孩子认清现实，放弃幻想，能少消耗很多不必要的心力。

（2）把父母的责任还给父母

最佳的家庭关系模式是夫妻同心，创造一个稳固的、和谐的家庭环境，让孩子可以在其中安心生活。也就是说，夫妻之间才应该是最坚定的、长久的盟友，夫妻俩身边的位置必须是彼此，任何人都无法替代。

那么，安慰妈妈和支持爸爸的首要责任，都应该由他们中的另一方来做，这是他们彼此的责任。就算父母有一方不负责任，也不该是孩子把这个担子挑起来，他也没有能力挑起来。让孩子认清自己的能力局限，从某种角度讲，是对孩子的一种保护。告诉孩子，放弃拯救父母不是他不负责任，这也不是自私，不是冷漠，而是有边界，是尊重、信任父母的表现。

（3）不要参与父母的矛盾

很多家长也会时常跟孩子说："大人的事你不用操心。""爸妈吵架你别管，你管好自己的学习就行。""你别管那么多，我们大人会处理好的。"这说明很多时候，家长理智上认同"成年人的矛盾，孩子不适宜参与"。

只是，当我们在情绪爆发的状态下，特别是需要安慰且身边无他人时，我们是不是还能保持理智，不让孩子牵扯进来呢？比如，跟老公吵架了，让孩子评评理；心情不好了，跟孩子诉诉苦，吐槽另一半的不是；夫妻吵架了，不方便直接与另一方对话，就让孩子传话……

家长要学会告诉孩子，出现以上情况他完全可以走开，可以不接受父母的召唤，因为他只是一个孩子，没有能力承担父母这些沉重的情绪。孩子可以去找其他人帮忙，例如外公外婆，父母的兄弟姐妹，或者找专业的心理工作人员，但一定不要自己参与其中。因为他们只是孩子，只需要承担自己能够承担的部分就好。

直面冲突：从不争吵的家庭暗藏着危机

从不吵架、永远和气的家庭，是理想的家庭环境吗？是，但也不是。

在做部分家庭治疗时，很多咨询师会发现：对于很多家庭而言，坐在一起坦诚地交谈是一个巨大的挑战，大家都担心一不小心就会吵起来。为了避免争吵，他们会拒绝坐在一起，宁愿让心理咨询师做中间人，来回传话。

这不禁让人困惑：他们在家里怎么沟通呢？通常情况下，也许他们会尽量避免深层次的沟通，以维持表面的平静。但是这种解决方式，会让家庭面临另一种危机。

❦ 从不争吵的家庭，都有哪些特点

（1）极力回避冲突

谈到家庭治疗，最抗拒的一般会是孩子。跟父母坐在一起，会让他们觉得有压力，甚至很紧张。孩子会认为父母一说话就会吵起来，自己坐在边上很不舒服。又或者自己一表达观点，父母就很容易跟他吵起来，最后都是不欢而散。

基于种种原因，孩子宁愿通过心理医生来转达自己的想法，或者是通过"生病"迂回地表达自己的心理需要，想方设法让父

母去猜。他们费尽心思，绞尽脑汁，无比纠结地想出各种间接的办法，但就是不愿意坐下来，开放地直接谈。总之，只要不争吵怎样都行，走再多的弯路都没关系。仿佛吵一场架，就是天塌下来一般。

（2）话不能当面说

还有一类家庭很特别，明明说好是做家庭治疗，家庭成员也都来了，人人都诚意满满。谁知道刚说没两句，便纷纷歉意地表示："医生，这个我想跟你单独谈，不方便当着大家的面说。"于是，家庭治疗就变成了"爸爸—医生""妈妈—医生""孩子—医生"分别进行会谈的奇特组合，低效又别扭。

医生夹在中间，成了知道所有人秘密的聚焦点。关键是，很多时候听一圈下来，也并没有觉得彼此之间有什么深仇大恨，有多少不可告人的秘密，但家庭成员就是不能直白地摊开来讲。说到底，他们还是担心一言不合，便大吵起来，没办法收场。问题是：每个人都守着内心的秘密，家庭成员之间的相互信任又该怎么建立呢？

（3）感觉到压力就离开

很多家庭中，总会有那么一个人习惯一言不合就夺门而出。这个人有时候是孩子，有时候是爸爸，有时候是妈妈。他们对家庭氛围有极为敏锐的觉察力，一旦察觉到氛围不对，预感一场狂风暴雨即将来临时，便会毫不犹豫地夺门而出，以躲避即将到来的风暴。

所以在做家庭治疗的时候，很多心理咨询师都会有个习惯，即"坐在靠门的位置"，以便在家庭成员谈到不舒服的地方，想要夺门而出时，能够及时阻止，让家庭会谈持续下去。要知道，守门可是一个无比艰巨的任务，是对体力和脑力的巨大考验。有些孩子在听到父母讲出自己不爱听的话时，就会情绪激动地想要夺门而出。即便此时有"守门员"竭尽全力握住门把手进行阻拦，也难以阻挡他们离去的脚步。有的父母认为沟通不下去，自己快要发火的时候，便会假借接电话、抽烟等，理直气壮地走出去。这一开门，人一出去，原本的沟通就会被迫中断，进展也就无从谈起了。

当然，这么做的好处是能够将气氛控制在争吵的边缘，"架"永远吵不起来，一家人客客气气的，和谐而宁静。表面看起来，在仗打起来之前及时抽身离开，是一种保护家庭和谐的做法，但是这种方式的隐患也非常明显，它会让家庭沟通永远停留在浅层，点到为止。

（4）将孩子作为中间人

孩子作为夫妻关系的纽带，很容易被推到中间人的位置。有时夫妻之间担心矛盾升级，怕吵起来，于是派孩子作为中间人负责来回传话，比如针对一些敏感话题：钱、打牌、家务分配等。

一个已经成年的来访者说，他从小到大，很重要的一个任务就是去牌桌上叫爸爸回家，因为妈妈叫不回来，而且妈妈每次去叫，爸爸都会跟她吵架。他也很不愿意去叫爸爸，因为爸爸每次都会很不耐烦，甚至会骂他。但不去的话，他没办法跟妈妈交差，只能硬着头皮去。于是，他成了受夹板气的人，心里很憋屈。即使现在他已成年，但当初的郁闷和夹在双方中间的分裂感，依然记忆犹新。

问题在于，他受了这么多气，付出了别的孩子难以想象的努力，可父母的关系却丝毫没有改变，爸爸打牌的坏习惯也丝毫没有动摇。他就像是努力地做着大量无用功的工具人，尴尬至极。

(5) 家庭中总有一个"和事佬"

还有一种情况是，母亲或者父亲成为亲子关系的"和事佬"。简而言之，便是孩子跟父母当中的一方关系不好，甚至一说话就吵架，另一方面负责在中间传话，或者随时准备做劝和的工作，以此来舒缓双方的关系。当然，最常见的是母亲来做这个中间人的工作。

一个妈妈曾说，她从来不敢让孩子和爸爸单独待在家里，因为害怕他们会打起来。因此，她总是提心吊胆，半步都不敢走远。父子之间氛围稍微一紧张，她的心就能提到嗓子眼，连忙把话岔开。从孩子上小学，到现在快高中毕业了，她一直兢兢业业地做着这个角色，就像是两个火药桶之间的冷却剂。她觉得自己必须存在，必须去调停，才能保证家庭关系不会恶化，家庭才能维持下去。虽然这么做很累，但是她坚信自己的付出是有价值的，她是家庭的大功臣。

奇怪的是，尽管她十几年间从不偷懒，从不缺席，一直避免父子之间发生冲突，看起来也做得非常周到，但是这对父子之间的关系却丝毫没有改善：要么不说话，要么一说话就争吵，双方像仇人一般，几乎看不到半分父子亲情。妈妈夹在中间无比心累，这爷俩倒好，都是犟脾气，谁也不让谁，也从不会站在对方的角度考虑半分，所以沟通自然也无从谈起。

这位妈妈或许想不到，正是因为有她这个"冷却剂"存在，父子俩才可以放心且大胆地不改变、不沟通。反正打不起来，也拆不散，何况还有妈妈做"和事佬"。也就是说，勤奋的妈妈造就了父子俩在相互沟通这件事情上的懒惰和逃避。

从"害怕冲突"到"直面冲突"

在家庭沟通中，我们总是小心翼翼、绞尽脑汁地回避冲突，害怕争吵。渐渐地，真正且坦诚的沟通越来越少，家庭成员有种相安无事却又"各怀鬼胎"的别扭感。原本应当是彼此最信任的人，却像各自守着大秘密一般谨慎、顾忌，家庭氛围自然也就压抑、憋闷了。

(1)"害怕冲突"的两大原因

① 想逃离原生家庭的争吵模式

对于一个孩子而言，家庭战争或父母吵架会带来无尽的恐惧和焦虑。孩子或许无法理解父母"床头吵架床尾和"的相处模式，在他们眼中，父母的每一次争吵都如同真实的"战争"场景。他们担忧父母会因为吵架而离婚，两人分道扬镳，更会害怕父母分开之后就不要自己了，那时候自己该如何生活呢？再加上争吵本身自带的紧张氛围，对于孩子而言，无疑是巨大的冲击，甚至有可能在他们心中留下难以磨灭的心理阴影。

在"战斗"氛围家庭中长大的孩子，可能会对争吵过于敏感，一碰到争吵就想劝和，或者一嗅到火药味便溜之大吉。即使一个普通的争吵，对他们也如同风暴一般，心绪难平。在这样的家庭环境中成长起来的孩子，长大成人并组建了自己的家庭后，他们自然而然会习惯性地规避新家庭中的冲突，小心翼翼地维持着新家庭的和平，即便那可能只是一种虚假的和平。

② 习得父母"压抑不满"的沟通方式

家庭关系模式中还有这样一种情况，它跟前面提到的情况刚好相反，这种模式的家庭氛围过于"和谐""平静"，从来没有矛盾、冲突，家人彼此之间总是开开玩笑、嘻嘻哈哈一下，便把问题糊弄过去，但是从来不真正地正面沟通。这种沟通模式就好像家里有个地雷，所有人都怕自己会踩到，于是努力躲闪，时刻保持着警惕。

然而，孩子无法在这类家庭中学习面对冲突、解决矛盾的方法，而且根本就"不会吵架"。在这种模式下长大的孩子，一旦自己建立了新的小家庭，会很自然地照搬照抄，因为他从小就习得了原生家庭的沟通模式。

(2)"直面冲突"的两大要点

① 以积极心态面对争吵，人际关系没那么脆弱

生活在以上两类家庭中的孩子，对于人际冲突以及他人的不

满,有着超越正常范围的"过度反应"。比如:"朋友生气了,是不是要跟我绝交?""我这句话说得不太恰当,对方听了会不会不舒服?""老师批评我了,惨了,他肯定对我失望透顶,再也不会理我了。"

在他们眼中,人际关系仿佛是用易碎的玻璃粘连起来的,稍有风吹草动,就会断裂、消失。这类孩子很容易因为人际关系,或者说在群体环境中感受到过度的压力而厌学。他们太小心翼翼,在人群中太累了。

我们需要让孩子知道:在生活中,人与人之间相处,难免会有分歧和争论。争吵并不意味着关系破裂,相反,它可以是一种沟通的方式。当我们勇敢地面对争吵时,其实是在为彼此的关系注入新的活力。通过争吵,我们可以更加了解对方的想法和需求,从而更好地调整自己的行为。**真正牢固的关系,能够经受住争吵的考验**。所以,不要因为害怕而回避冲突,让孩子学会以积极的心态面对争吵。

② 适当练习"合理的争吵"

如果我们给沟通方式优劣进行排序的话,那么从优到劣的顺序大致应当是:坦诚且平静的沟通 > 争吵着沟通 > 不沟通。遗憾的是,害怕冲突的我们,很难找到平静沟通的方法,所以很多时候我们会直接跳到"不沟通"的死胡同中。

这里建议无论家长还是孩子,可以一步步来,先从不害怕吵架开始,尝试在日常生活中"吵点小架"。比如,利用"冲突脱敏训练",偶尔吵点小架。不害怕争吵之后,再进一步尝试直面大的冲突。至少面对家庭亲人，我们要能够表达自己的真实想法。吵着表达也好，哭着表达也好，大喊着捶胸表达也好，都好过不表达。

渐渐地，我们会明白：**争吵，并不会终结一段关系；吵架，其实也并非那么可怕**。对于孩子亦是如此，我们要鼓励孩子去表达，哪怕孩子说得乱七八糟，又哭又喊，我们也要认真地倾听。听完且充分理解后，再去评判孩子的态度，然后逐步引导孩子的说话方式。

教会孩子如何吵架，其重要性绝不低于教会孩子说话。比争吵更为有害的，必定是有话不说，彼此戴着面具相处。虚假的和谐，远比真实的"战争"更消耗人，对家庭关系的危害也更大。

调整节奏：焦虑的父母，必有回避的孩子

回想一下，在亲子关系当中，你是否一直都是主动的那一方呢？总是积极地与孩子进行沟通，竭力去猜测孩子的想法，为孩子安排好所有的事情，生怕孩子不高兴，不舒服。然而，孩子却一点都不领情，回应总是很平淡，稍有不如意就一言不发，独自生闷气。更有甚者，一旦不如意，就使出"关门"这个撒手锏。孩子总以实际行动，向你展示自己拒绝沟通的坚定决心。

我们这里谈到的焦虑型和回避型，是指两种典型的依恋类型。焦虑型依恋在亲密关系中安全感相对不足，很担心对方会疏远自己，因此会采用很多方式积极靠近对方，努力获得对方的认可。在确认对方在意自己之后，才能安心。回避型依恋则完全相反，太亲密的关系会让他们喘不过气来，他们急切地想逃离。当这两者相遇的时候，沟通就会异常纠结、痛苦。

🌱 "焦虑—回避"组合的常见特征

（1）一个逃，一个追

"焦虑—回避"组合具有最经典的互动模式，就如同玩猫鼠游戏一般，一方拼命追赶，另一方则努力逃避。父母想找孩子说话，想知道孩子心里的想法。孩子就是什么都不愿意说，宁愿打游戏，

宁愿跟网友聊天，宁愿对着房间的四面墙发呆。有家长跟我抱怨，孩子平日里除了要钱，几乎与他再无其他互动，想想实在让人心寒。家长才刚开口说"我们坐下来好好聊聊？"孩子立即警觉起来："聊什么？我没什么想聊的。"

紧接着，要么是家长费尽心思、滔滔不绝地表达自己的想法，孩子则一言不发地坐着，看似在听，又似乎没听。更有甚者，一旦父母要"开聊"，孩子便立即采取措施，将父母赶出房间。理由也是千奇百怪："我困了，想睡觉了。""我要看书、写作业。""有同学找我，我要出去。"一边说着，一边将父母推出房间，只留下爸妈莫名其妙地站在原地。

（2）父母的愤怒与孩子的退缩

焦虑型依恋的父母，最怕的就是孩子没回应：叫三遍还没有答应，火气就直冲上来；答应去做的事情，五分钟以上没动静，气就不打一处来。孩子的应对之道是关门大吉，拒绝一切互动。焦虑父母的绝技是想方设法让孩子打开房门。

我曾听过一个十分惊险的案例。有一对父母与孩子沟通时吵了起来，父母还没说多少，孩子就赌气回到房间并锁上了门，父母怎么呼喊都得不到回应，门也不开。孩子在房间里把音乐放到最大音量，装作什么都听不见。爸妈又是哄又是劝，甚至还骂了几句，但都不管用，孩子始终一声不吭。爸爸气极了，又担心孩子在房间里做出过激行为，便直接冲到厨房拿把菜刀。妈妈赶紧冲上去阻拦，却被一把推开，爸爸对着孩子的房门"哐哐哐"几刀砍下去。也许房门质量不高，几刀之后，房门就碎成了几块。

房门开了，孩子蜷缩着躲在桌子角落，瑟瑟发抖。然而爸爸并没有就此罢休，继续指着孩子一顿痛骂，足足骂了大半个小时，这才觉得解气。孩子只是不停地哭，一直缩在桌子角落里抽泣，没有回应一句话。

之后，这扇门一直没有修，孩子的房间也就一直没有门。但这并没有增加她与父母之间的交流，相反，她跟父母的谈话更少了，更不愿意沟通了。父母说什么，她也不反抗，只是默默地听着，宛如一尊石雕一般，任凭风吹雨打，都纹丝不动。

除此之外，诸如直接撬坏孩子的门锁，用备用钥匙开门，孩子不开门就拼命踢门，几乎都是常规操作。也有的家长在孩子关门之后，会一直在房门口骂，骂得激动了还会哭喊着让孩子开门。只是无论怎么骂，怎么哭，孩子就好像聋了、哑了一般，毫无回应。父母所有的话都仿佛在对着空气说，满腔愤怒如同打在棉花上，没有反应。

回避型依恋的孩子大概很难理解父母得不到回应时的无助、焦急以及不知所措。父母的这些情绪会统统转化成愤怒，不受控制地倾泻到孩子身上。麻烦的是，这些如同决堤洪水一般奔腾而下的情绪，又会吓到躲起来的孩子，让他们觉得更不安全，更不敢开门，更不敢面对。

于是，一个恶性循环的互动闭环便就此产生。

(3) 一个掌控，一个被动反抗

焦虑型依恋的父母希望安排好一切，让所有的事情都在自己的掌控之中，只有这样他们才能安心。小到孩子出门穿什么衣服，带不带水壶，要不要上厕所；大到孩子的学习安排，要不要报补习班，读什么学校，一切都做好计划，提前做好准备才放心。

与此相反，焦虑型父母的孩子们，大多属于"拖延症晚期"患者，口头上答应"好好好，马上，马上"，却半天不见动静。他们奉行的是：积极答应，消极行动，或者干脆不行动。回避型的孩子内心不喜欢父母事事都干涉自己，但他们很少会直接拒绝，而是用拖延的方式进行被动反抗。

偏偏焦虑型父母大多都是急性子，他们希望叫孩子一声，孩子就立即从椅子上弹起来才好。因此，孩子的拖延简直像抓住了他们的命门，让他们抓狂不已。结果呢？孩子好像故意要气家长似的，你越急、越催，我越不动。

(4) 经常开空头支票

回避型的孩子还有一个特别之处，就是经常说话不算话。需要说明一下的是，他们可不是说谎，因为承诺说出口的时候，他们就清楚地知道自己做不到，也没打算真正做到。

这一点在厌学的孩子身上体现得极为突出。"明天上学""等一会儿做作业""一会儿放下手机"，这些话已经成为父母绕不开的魔咒。选择相信吧，可心里清楚孩子大概率做不到；不相信吧，又担心万一孩子这次说的是真的呢？在反复经历相信和失望后，接着再相信、再失望，直到父母最终对孩子彻底失去了信心。

其实孩子的想法完全是另一番景象，并且还振振有词："我原本就没打算明天去上学，我也清楚自己做不到。"那么问题来了：既然完全做不到，也不想做，那为何要答应呢？孩子的理由也很单纯："我若不答应，我爸妈就会不停地在我耳边唠叨……反反复复劝我，实在太烦人了。我只能顺着他们的意思，先让他们停止唠叨再说。"

为了片刻的宁静，甘愿透支信用，这果真是孩子的做法。这也再次证明，回避型的孩子很少会与家长正面冲突，他们不吵不闹，十分擅长用"缓兵之计"。拖、赖、敷衍，但就是不拒绝。对于这些被动"攻击"的技能，他们驾轻就熟。

（5）一个积极，一个消极

"焦虑—回避型"亲子互动有一个很明显的特点，父母似乎像陀螺一般不知疲倦，忙这忙那，努力帮孩子安排、周旋。父母双方或者一方，总是习惯所有事都操心，觉得所有事都是自己的责任。不管是孩子的事，还是伴侣的事，老人的事，都力求面面俱到。他们似乎不知道累一般，整天忙个不停，很少坐下来安静地休息一会。

照顾好每一个亲近的人，似乎是他们的天职。当然，这又何尝不是一种消耗，毕竟父母也不是铁人。孩子的状态，则完全是另一番场景。与父母的周到、积极形成鲜明对比的，则是孩子的消极、被动。

孩子很少操心什么事情，对自己的未来没有规划，做事没有激情……不满意父母给自己的安排，却又不知道自己的人生道路在何方，更不愿意自己去努力争取。既依赖父母，又似乎不甘心被摆布，在自相矛盾之下，陷入深深的内耗中。这种组合，父母过度消耗，孩子过度内耗，最后大家都过得不轻松。

🍀 "你追我逃"，造就孩子内驱力缺失

"你追我逃"的亲子关系，怎么就成了孩子学习内驱力缺失的影响因素呢？其实这背后的原理并不难理解。在前文分析中，我们已经明确了厌学最容易看出的，也是最浅显的行为特征就是"逃避"。

不管是因为学校环境，还是因为学习压力、人际关系、情绪问题，总之，只要有问题，孩子的第一反应就是"三十六计，走为上计"。逃离学校，逃回家里。这个模式是不是很熟悉，是的，就是孩子和家长互动的模式更泛化的体现。只是由跟父母冲突时逃回房间，变成了在学校遇到麻烦时逃回家而已。

另一方面，这样的孩子一般会"标配"一个或者一对焦虑的父母。父母总是习惯冲锋陷阵，第一时间出面解决问题。焦虑的父母们总是会主动去帮孩子想办法，主动去说服他们，或者教育他们，跑在孩子前面，急孩子所急，而且比孩子更急。天塌下来，有个子高的顶着了，余下的矮个子怎么办？没事干，就只好"摆烂"。

理智上，孩子知道上学是自己的事，但因为习惯了依赖和逃避，"面对"这个词对他们而言反而是陌生的，多余的。因此，厌

学发生之前,"你追我逃"的模式,相当于是催化剂;厌学发生之后,父母的焦虑被放大,孩子的逃避和自我封闭也被放大,"焦虑—回避模式"便成了解决问题的最大阻碍。

将所有精力都花在玩"猫抓老鼠"的游戏上了,孩子又怎么能腾出手来,真正为上学出一份力呢?精力花错了地方,问题没解决,还弄得全家人都不开心,着实得不偿失。孩子们其实可以跳出这个"小游戏",打破僵局,把注意力真正转移到解决自身困扰上。

🍃 教孩子打破"焦虑—回避"组合的僵局

(1) 不管同意与否,让孩子学会给个回应

家长们可以真实地跟孩子表达他的一些举动给家长带来的不安和焦虑。例如,孩子完全不说话,你可能会很不安,担心自己说错了什么,他生气了。又如,孩子自己关门进房间,你会很焦虑,不知道他在里面做什么,会不会伤害自己。再如,你得不到孩子回应的时候,感觉会很无助,很焦虑,担心他会远离自己。

通过沟通,双方可以进一步商量一个折中的方案。例如,关门之前先告诉父母,我只是想自己冷静一下。或者不管同不同意父母的做法,都给个回应。

就拿简单的"叫吃饭"这件事来说,有些孩子习惯性地在不想吃的时候不予回应。家长往往会自然地反复呼唤,次数多了,孩子便会心生不耐烦,更加不想搭理。如此一来,便形成了一个恶性循环。让孩子尽可能理解父母在这个过程中的焦急和不安,让

孩子意识到自己一个"举手之劳"的回答，对父母其实非常重要。

(2) 不放弃，想办法达成自身目标

家长可以鼓励孩子，无论如何都不要放弃沟通，一遍不行说两遍，两遍不行说三遍，反复多次，父母最后一定会理解他的真实意图。习惯回避的孩子，总是非常看重自己的每一次表达，希望自己说一次父母就能理解并且照做。其实这并不符合人与人之间的沟通规律，即使是受过专业训练的心理医生，也需要反复表达和反馈，才能保证自己理解了他们的意思，更何况是非专业人士的父母。

就拿让父母不要随意进自己房间这件事情为例，有的孩子说了一两次，父母没做到，他们就会陷入失望之中，放弃沟通，而不是努力达成自己的目标。其实达成目标的方法有很多，如果光靠说不行，就在房门上挂个提示牌；说一次不行，就多说几次；父母进自己房间没敲门，就礼貌地请他们敲门之后再重新进来……总之，家长可以鼓励孩子想办法实现自己的目的。

(3) 坚守自己的意愿，直接表达诉求

鼓励孩子除非是"刀架在脖子上"的危险境地，否则其他时候都要有努力捍卫自身意愿的勇气。当然，这样说显得有些夸张，核心就在于让孩子要学会捍卫自身的意愿，而且要学会直接表达，不要采用"被动攻击"的方式，也不要害怕父母生气。不要嫌麻烦就假装妥协，也不要寄希望其他人来顺应自己的意愿。

人与人之间总会涉及观念不一致、要求不一样的情况，甚至会出现相互难以理解的情况。亲子之间由于成长环境不同，成长年代不同，差异会更大。即使父母再努力，也不可能完全知道孩子真实的想法。父母可能觉得多说两句孩子就答应了，便想当然地认为说服有效，孩子想通了。但他们哪里知道孩子可能是违心答应的呢？自己的意愿就好比自己的阵地一般，当然需要自己来坚守。

（4）鼓励孩子学会"干脆、直接、坚定"地拒绝

不敢拒绝，事后又感到委屈，徒增内耗，确实是很多孩子在人际互动中的硬伤。打个比方，直接拒绝就如同双方对阵中的"打直拳"，不管能否打得过，都要先表明态度，直接出招。"被动攻击"则有点像背后偷袭或下毒，或者干脆把刀转向自己，是一种"伤敌八百，自损一千"的互动方式。这种方式往往会让双方关系更加紧张，也会让自己陷入更加痛苦的境地。相比之下，直接拒绝虽然可能会引起一时的不快，但却能够让双方更加清楚地了解彼此的立场和需求，从而更好地解决问题。因此，在人际互动中，孩子们应该学会勇敢地直接拒绝，而不是采用"被动攻击"的方式。

家长应当尽可能地鼓励孩子"打直拳"，也就是说，在孩子不喜欢或者不愿意做某件事情的时候，要积极地鼓励他们直接将自己的想法表达出来。即便这样会使对方不高兴，即便父母会失望，但也比违心答应，只是给对方虚无的希望要好得多。

要让孩子明白，他们所感受到的对方的纠缠不休以及父母的穷追猛打，很可能是因为他们给予了对方潜在的希望。若要避免麻烦，最有效的方式便是干脆、直接地拒绝。

PART 2

激发学习内驱力的秘密

秘密 1 利用游戏原理，激发学习内驱力

游戏究竟有什么魅力，能让孩子欲罢不能

游戏究竟有什么魅力，让孩子们这么沉迷？相信这是很多家长内心最大的困惑。孩子天天抱着手机打游戏，饭可以不吃，觉也可以不睡，完全像着了魔一般。也有家长发现孩子一打起游戏来，就异常兴奋和激动，喊打喊杀的，看起来很吓人。

下面就来讨论一下这个大家最困惑的问题：游戏究竟有什么魅力？

🌿 在游戏中获得掌控感

自由是青春期孩子最大的渴望，却又是他们最难达成的奢望。 青春期的孩子经济没有独立，话语权微弱，在学校要接受各种安排和规则的束缚，在家里父母要干涉自己生活的方方面面，总之掌控权不在自己手上。特别是独生子女家庭，父母基本将全部注意力都贯注在孩子身上，恨不能把孩子的每一分钟都安排得明明白白，好让孩子的人生不出现差错。但是，父母在最大限度保护

孩子的同时，也剥夺了孩子的自主权。**孩子越是没有选择权，越渴望自我掌控。现实世界满足不了，就转到虚拟世界中寻找**。游戏，就是一个孩子能感受到绝对掌控的虚拟空间。

有一个孩子曾说，他喜欢玩一个偏重于创作的游戏，他还把这个游戏变成了一个"睡觉游戏"：每天准时进入游戏，建一个自己的房间，摆一张自己的床，一个人在床上舒服地睡觉；一睡好几个小时，不被任何人打扰；在一个完全自己说了算的世界里，连做不做梦，都可以自己说了算。

也有孩子表示，自己会在游戏里开商店，甚至购买一块地，建造一个属于自己的小镇，亲自规划格局、建筑和人口，总之一切都由自己说了算，俨然一副领袖的模样。我们或许无法理解，花费那么多的时间、精力甚至金钱，就为了打造一个虚幻的空间，这有意义吗？但对孩子而言，这样做是有意义的，因为这些满足了他们对掌控和自主的心理需求，让他们体验到知足与快乐，所以在他们看来是值得的。

🌿 在游戏中获得成就感

游戏遵循的是立刻反馈的及时奖励原则。在游戏里，你闯过一关，打败一个人，甚至建造一栋房子，都能立竿见影地看到效果和回报。对于一些擅长游戏的孩子来说更是如此，只要他们舍得花时间、勤奋练习，游戏技巧必定会蒸蒸日上。游戏反馈给他们的评价永远都是："你真棒！""你真厉害！"游戏从不向他们泼冷水，也从不指责、批评，简直就是一个最佳捧场王。

现实世界却恰恰相反。孩子们可能不擅长学习，不擅长社交，也不擅长讨父母欢心，更像是一个失败者，但没有人喜欢这种一无是处的挫败感。或许有人会说："你坚持努力，假以时日，总有一天会有收获的。"可总有一天是哪一天呢？真的会有这一天吗？此时，及时奖励的魅力就体现了出来。不自信的孩子往往没有等待成功的耐心，努力一两天后，如果没有效果，他们便会气馁、放弃，认为自己果然不行。

为何成绩好的孩子沉迷游戏的情况比较少呢？除了他们本身具有较强的自制力以及有高远的追求之外，能够在现实世界中从学习上获得成就感，也是其中的一个重要原因。而成绩欠佳的孩子在学习上没有优势，只能另换赛道，在游戏上拼搏。现实世界越残酷，游戏世界就显得越可爱。他们在游戏中拼着拼着，就越来越难以自拔，以致沉迷其中。

🍁 通过游戏，可以释放现实中压抑的情绪

看到孩子在游戏中喊打喊杀，激动且兴奋，家长们总是满脸担忧：在游戏世界里，孩子怎么就像变了个人似的！

其实，有一些抑郁的孩子，只有打游戏的时候，才能看到他们的生机和活力，平时都是蔫蔫的，对什么都提不起兴趣。总结起来，**游戏对于情绪有两个作用：转移注意力和宣泄**。

在宣泄情绪方面，枪战类游戏体现得尤为突出。这类游戏看似十分单一、无趣，总是在不停地打人、杀人，那么其乐趣究竟何在呢？就在于通过这种果断的杀人、砍人行为，能够让他们释

放攻击性。许多情绪和压力都会转化为攻击性，而在现实生活中，孩子的这些攻击性情绪常常找不到合适的场合与对象去宣泄。枪战游戏恰好能够为他们提供这样的机会，让孩子可以尽情地感受释放的快感。当然，这绝非最健康、最有效的情绪处理方式，它只是在简单、直接、易操作方面具有优势罢了。

孩子无论在现实世界中遇到多大的困难和压力，只要一头扎进游戏的世界，便可以充分地自我麻痹：听不见，看不见，一切现实都与我无关。游戏里是一个全新的世界，遵循着全新的规则。很多厌学的孩子，在家的时间几乎只做两件事：打游戏和睡觉。通过这种方法，他们让自己的注意力从现实生活中彻底转移开来，不去思考未来，不去面对上学的痛苦。

有人说打游戏能够训练注意力，理由是孩子能长时间坚持打游戏而不走神，这其实是一个误解。**游戏之所以能牢牢抓住人的视线，恰恰是因为它不断变换的画面和场景**，使得大脑不会感到无聊，所以人能保持兴趣盎然，注意力能不费吹灰之力地长时间集中在游戏中，让人无暇考虑现实中的烦恼。

🌿 游戏是一种低成本的自娱自乐

不需要花很多钱，不需要其他人的陪伴和配合，一个电脑、一部手机、一根网线，一个人就能自娱自乐，游戏带来的快乐，着实廉价、易得，而且从表面上看起来似乎也避免了很多不必要的麻烦。比如，我想通过购物获得快乐，那我必须找爸妈要钱；爸妈如果不愿意，反过来把我臭骂一顿，那我不是得不偿失吗？

比如，我想找朋友一起出去玩，大家聊聊天获得快乐，那我必须先交一个朋友，还要朋友刚好有空，我们喜欢的东西有共同点，才能保证这场友谊活动顺利进行。再比如，我希望通过取得好成绩来获得快乐，那任务就更艰巨了，我要花很多时间学习，还不一定能学好，就算学好了，考试还可能会紧张导致发挥不好，最后还是失望而归。

在所有这些选项中，对孩子来说，游戏简直是"天选之子"：门槛低，不挑人，无歧视。有钱可以充点金币，买点装备；没钱，可以用时间来堆，把自己的技术练到炉火纯青。如果讨厌与人互动，还可以选择单机游戏，电脑这个机器人会是自己忠实的朋友；如果喜欢与人互动，只要吆喝一声，立即一呼百应，跟你"并肩作战"的队友要多少有多少。

"太易得，成本太低"，会让孩子认为这是一场只赚不赔的交易。当然，**当孩子真正沉迷于游戏时，其代价却是高昂的，它消耗了孩子的时间、精力甚至金钱**，同时也消耗了孩子对外在真实世界的眷恋和投入程度。毕竟，习惯了这种廉价易得的快感后，对于那些需要长时间努力才能获得的真实快乐，孩子会有些望而却步。

> **加法孩子**
> 激发学习内驱力的秘密

参透游戏原理,提升孩子学习内驱力

在上文中,我们详细阐述了游戏开发者是如何精准拿捏人性,使得孩子乃至许多大人都对游戏上瘾,甚至欲罢不能。如果我们能够参透游戏的原理,将其运用到孩子的学习和生活当中,即便不能让孩子对学习上瘾,也能在很大程度上提升孩子的学习动力。总结而言,游戏精准拿捏孩子注意力的要点,家长可以将其充分地运用到督促孩子学习之中。

🍀 吸引而非逼迫,给孩子学习的自主权

可以想象一下,如果有人在旁边监督你打游戏,一旦你犯错了就开始唠叨你,甚至扇你耳光,说:"你怎么这么笨?你看隔壁阿姨家的儿子都成王者了,你还是青铜!你不觉得丢人吗?"处在这样的环境下,你还会喜欢游戏吗?大概率很难喜欢了。游戏最懂人性的地方,就是它从不强迫人去打游戏(电竞职业选手除外),只是想方设法诱惑你,营造有趣的环境来打动你,从不会督促和逼迫。你打游戏,它热烈欢迎;你长时间不打,它也不生气,不骂人,只是继续不断地完善设计,努力增加吸引力。也就是说,玩不玩游戏,玩多久游戏,表面上看起来完全是由你自己说了算,你拥有绝对的自主选择权。

仅这一点,就与学习拉开了极大的差距。要知道,如今很多

孩子从幼儿园起就尝到了被迫学习的滋味，被盯着学、逼着学、打着学已是常事。**逼迫会带来痛苦的感受，再有趣的事情，一旦与痛苦建立联系，动力都会逐渐被消磨**，更何况学习本就是非常枯燥且消耗脑力的事情。**若要想让孩子长久保持学习的动力，给予孩子充分的学习自主权是必备条件。**

很多家长感到奇怪，孩子小的时候很乖巧、听话，让学习就学习，让补习就补习，让补作业就补作业，非常配合。为何到了五六年级就变了，怎么推都推不动，甚至越推越反抗呢？这里的核心原因在于孩子长大了，自主性增强了，他们更愿意做自己自主选择的事情。

❀ 学习应当循序渐进，确保难度适中

游戏开发的核心难点之一，在于如何让玩家在游戏中停留足够长的时间且不厌烦，不放弃；即使闯关失败，也不会丧失信心，反而能激发好胜心，这就要求难度设计适中，即便提升难度，也应循序渐进。难度过高的游戏容易使玩家丧失兴趣，几次不通关便可能干脆不玩了。

同样的道理，在孩子的学习上，家长也要时刻关注孩子的状态，务必制订适合孩子学习进度和难度适中的学习计划。过于简单的内容缺乏挑战，难以激发学习欲望；太难的内容则容易打击自信心，让孩子望而生畏甚至产生厌学情绪。很多家长习惯让孩子"补短"，不断督促孩子补习弱势学科，结果往往是孩子越学越没信心。学习就如同爬山，一开始就去挑战喜马拉雅山，谁都会

有畏难情绪。先从小山坡爬起，让孩子体验完成翻越的乐趣，再逐步去挑战高山，这才是更合适的节奏。

❧ 利用最近发展区原理，制定合理目标

有些孩子性格急躁，秉持"一口吃成个大胖子""要么不做，要做就做到最好"的理念，然而，这实则违背了大脑的运行规律。当我们觉得任务艰巨、庞大且不知从何处着手时，大脑往往会拖延，试图逃避压力，而非专注于"正事"。

制定目标需依据个人的"最近发展区"。 那么，什么是最近发展区呢？著名心理学家维果茨基指出，孩子的发展存在两种水平：**一种是现有水平**，即孩子独立活动时所能达到的解决问题的程度；**另一种是可能的发展水平**，也就是通过教学与引导能够挖掘出的潜力。**两者之间的差距便是最近发展区。**

学习目标的设定应聚焦于孩子的最近发展区，为其提供难度适宜的内容，以调动他们的积极性，充分发挥其潜能。例如，若孩子对初二的知识掌握不佳，不妨先从初一的内容补起，让孩子先体会到学习的益处，收获一些成就感。此外，每个孩子的"最近发展区"各不相同，学习节奏也要因人而异，不可一概而论。我们需要多与老师以及孩子本人沟通，了解孩子的学习状况，从测试结果中把握孩子的基础水平，从而为孩子找到"跳一跳，摘桃子"的合适目标。

🍀 刻意制造正反馈，维持长久动力

打过游戏的人都知道，那些此起彼伏的"真棒！""真厉害！"还有不时出现的"大拇指"，这些对孩子而言犹如一针针强心剂，给予他们极大的振奋与鼓励。在游戏世界里，从来不会出现"你怎么这么烂""你怎么这么笨"等字眼，主打的就是持续的正反馈。

游戏打输了也没关系，重来便是；打赢了则有奖励，那便是确定无疑的成就感。在成就感的驱动下，虽然游戏的难度不断提升，但玩家的能力也越来越强，自我认知和自我期望也越来越高，这就是一个正循环。它给玩家一种错觉：只要我努力练习，我就可以不断进步，直至无敌。正是这种成就快感，成为孩子打游戏的自驱力，天天盼着打，等着打，积极打。同样的道理，**想让孩子有学习的自驱力，那么你就要了解孩子的这种心理需求，并且在学习过程中不断地用正面反馈去满足它、强化它，直至内化成孩子的本能动力。**

美国有一部极为出名的励志电影《垫底辣妹》，主人公是一个整日只知化妆打扮、谈恋爱且成绩长期垫底的女孩。这部电影的核心讲述的是她逆袭考上名校的故事，在这个过程中，她的补习老师起到了关键作用。老师的一大秘诀便是，主人公哪怕只有一丁点儿进步，他都能敏锐地察觉，并给予欣赏和实打实的鼓励，将原本学习不好的小主人公激励得动力十足。而且他并非"假大空"地乱夸奖，而是拿着放大镜，认真捕捉主人公的微小变化，

及时给予肯定。要知道,一个垫底的"差生"与名校之间的距离,说是十万八千里都毫不夸张。虽然一开始她动力满满,但在这个漫长的过程中,要坚持下去绝非易事。学习途中不时出现的老师的正反馈,就如同赶路人的干粮和水,支撑着她最终走向成功。

秘密 2 培养专注力,切实提升学习效率

遵循大脑特点,正确看待分心

🍃 分心很正常,不必太焦虑

上课不能持续专注,老是分心,是很多孩子学习时面对的最大挑战。有些孩子分神之后,会懊恼不已,甚至责备自己,认为是自己意志力不够才导致走神。这里的问题在于,**孩子越是因分心而焦虑,就越有可能不受控制地走神**。最终,可能会变得如同强迫症一般,越是害怕分心却越发分心。

曾经就碰到过这样一个孩子,她一直相信注意力是完全靠自己的意志控制的,她特别留意自己上课是否有分神的情况。放眼班上其他同学,似乎大家都学得专心致志,从不走神,怎么自己就做不到呢?她内心充满恐惧,担忧自己一旦分神,就会错过一个知识点,进而导致后续内容无法听懂。于是,她愈发谨慎地监督自己的注意力状态。一旦发觉自己走神,她便狠狠地掐自己,试图以此方式逼迫自己专心听课,直至手上布满指甲印。然而,

这么做收效却极为微小，甚至情况愈发糟糕。

后来，她每节课都会有大量时间不自觉地陷入"神游"状态，眼神空洞，思绪天马行空。等她反应过来时，半节课已经过去。她懊悔不已，于是更加严厉地自我攻击，在心里把自己骂得一无是处，可情况依旧没有任何改变。她不知道的是，不单是她，班上所有同学都会不时地分神，并没有她想象中那么专注。她相当于给自己设置了一个不可能达到的目标，最终把自己逼至崩溃边缘。

家长们需要让孩子们明白：分神其实很正常，发现自己分心了，尽快回过神就可以了；笔记错过了，下课找同学借一下就行。真正会造成巨大负面影响的，反而是在分心这件事上过于吹毛求疵，不切实际地要求自己。

🍀 分心是人的生存本能，并非缺点

如果说分心是人的生存本能，并非缺点，你也许会觉得不可思议，反驳道："人类一路进化至今，在面临无数艰难险阻时，依靠的不正是能够心无旁骛、全神贯注地应对，以此来获取资源、抵御危险吗？分心怎么可能成为生存本能？"

其实，在更遥远的原始社会或农业社会，我们却是需要"眼观六路，耳听八方"，警惕周围的危险，以便随时留意各类信息，这样才能最大限度地保证安全。我们可以观察一些身边的动物，如猫、狗等，看看它们是不是都对周围的信息非常警觉，随时保持着对各类信息的关注。

换句话说，分心不是一个绝对的缺点，它是一种中性能力。试想一下，几千几万年的人类进化还被保留下来的能力，不可能是毫无意义的。只是用在学习上，分心会不自觉地阻碍我们的学习效率而已。但人不能总是跟自己的本能对着干，意志力也不能逆着大脑的运行规律行事，不然就会像上文中的女孩一样：越想专注，越是不受控地分心。

美国哈佛大学社会心理学家丹尼尔·韦格纳曾做过一个"白熊实验"。先是给学生看一头白熊的照片，片刻之后，把照片收起来，并且要求学生不要去想那只白熊。学生们很听话，调动所有精力，努力去完成老师的指令：不要想白熊，不要想白熊，不要想白熊。结果呢？事与愿违，**学生们越是要求自己不要想白熊，白熊越是频繁地浮现在他们的大脑中**，无论怎么努力驱赶，都无法将其赶走。反而是当他们放弃挣扎，抱着爱想就想的心态时，白熊却渐渐消失了。

我们没有意识到，当你提醒自己不要分散注意力，不要乱想，不要分心……你的脑海里装的是什么呢？装的恰恰是这些提醒，而不是学习内容本身。也就是说，在自己这种无意识的"努力"过程中，你的注意力反而从学习上转移开了。

🌸 分心是大脑的自我奖赏，不受意志左右

我们学习的时候总会走神，一会转转笔，一会发发呆，一会聊聊天，一会刷刷手机。出现这些情况，其实不用太自责，这不是你一个人的问题，是所有人类共同的问题。通俗来讲，人的大

加法孩子
激发学习内驱力的秘密

脑其实很会"偷懒",像个不太有定力的小孩,总是喜欢专注地干一会儿正事就玩一会儿。大脑需要一些放松作为奖赏,以实现自我激励。

《单核工作法》一书中曾提到:这是人的生理本能惹的祸,大脑会鼓励我们走神。每次我们走神之后,大脑就会获得一份多巴胺奖励。更"过分"的是,大脑鼓励我们频繁切换任务,而不是最大限度地专注在一件事情上。看游戏的设计就知道,它不断地切换画面、场景、任务,这样才能长时间抓住游戏玩家的注意力,就是充分利用了大脑的自我分心奖赏特性。

《思考,快与慢》一书中也曾提到,大脑存在两个系统,一个是自动化的,基本不耗费脑力;一个是需要耗费脑力,有意识控制的系统。大脑作为人体最聪明、最有意识的器官,当然也会偷懒,也想要"劳逸结合"。所以,当我们有意识地专注学习一段时间之后,大脑就需要换换任务来休息,以作为补偿。

总结来说,在面对分心这件事时,家长应引导孩子放轻松,以平常心看待。要帮助孩子了解大脑的运作规律,合理规划学习时间。**只有不过度为难"大脑",才可能真正提升学习效率。**

排除干扰，保证专注学习的必要条件

很多家长都有这样的困扰：孩子一到看书和写作业的时候，总是有干不完的事，一会要喝水，一会要上厕所，一会翻手机，一会吃东西，一会走来走去……本来一个小时能完成的作业，偏偏要写四五个小时，搞到大半夜才能睡觉。出现这种情况，就是各种无端干扰影响了学习效率。

❀ 减少环境干扰，辅助孩子保持专注

孩子学习环境中，如果有很多吸引他注意力的人或物，那么最好离开那个环境或者拿走那些物品。不要奢望孩子靠意志力克服这些东西的影响，人的自控力是有限的。

有些孩子的书桌上会惯性地摆放所有自己喜欢的东西，以便随时能看到，这样心情好。殊不知，这其实也增加了诱惑，提升了专注的难度。特别是一些注意力有缺陷的孩子，本来注意力就非常容易分散，一个人影闪过，他们都能看半天。对于这些孩子，就需要把孩子房间里所有多余的东西都拿走，房间颜色也尽量白净，少用鲜亮的颜色。最好是做哪科作业，就在书桌上放哪科的书，让干扰源越少越好。

《自控力》一书中曾提到，人类的意志力和肌肉的耐力是一样的，是有限度的，用完了就没有了，需要稍加休息才能恢复。就

像每个人跑步都只能坚持一定的时长一样,肌肉的耐力总会有耗尽的时刻,不是强迫自己坚持,就能永无止境地跑下去。如果将意志力用在抵抗不必要的诱惑或者干扰上,就是在毫无意义地浪费意志力。

家长不要高估孩子的意志力,更不要考验孩子的意志力,认为孩子只要真正专注学习,就应该完全不受身边环境的影响。这听起来似乎很有道理,但对于大部分普通孩子而言,这个考验根本通不过,他们很容易就被身边其他东西拉走注意力。这类无谓的考验和结果证明,除了增加孩子的挫败感,降低学习效率,实在没有太多实际价值。

❧ 一段时间只专注一件事情

学习过程中,突然想起某件事情要处理,接着就不自觉地拿起来手机,一翻就是半小时。在这个信息爆炸的社会,这类情况必然会越来越频繁。手机一离开视线,就担心有朋友发信息,自己没办法及时回复;半小时不刷手机,就怕微博热搜又错过了,聊天的时候自己会落伍;坐到书桌前,一会渴了要喝水,一会饿了要吃东西……总之,就是有无数的事情牵扯着孩子们的注意力,于是也就有了"学习两小时,做题五分钟"的局面。

很多孩子属于心里搁不住事的类型,想到什么一定要马上去做,看到信息一定要立刻回复。这类孩子总是担心现在不做,待会忘了怎么办?或者为了不忘记,就一直把事情记在脑袋里,心里总有个事儿,这也会导致学习效率过低。

这里推荐一个方法，叫作"批处理"。"批处理"是加拿大一位因为快速学习而成名的神奇小子斯科特·扬，借用电脑用词创造的学习法。他凭借此法，用一年时间，在家学完了麻省理工学院4年的课程，包括33门计算机课程，节省了约150万元的大学学费。

"批处理"法是指：在学习过程中，遇到的一切与本次任务无关的事情，比如要回复的消息，要看的电视剧，要玩的游戏，突然想起的未处理事件，都写在记事本上，等你学习完之后，集中来处理这些事。这是一个两全其美的方式，既保证了主任务的完成，又能够兼顾其他琐事。

孩子们可能会问，搞这么麻烦干吗？当时有问题当时解决不就好了？如果一遇到事情就去解决，这些零零碎碎的杂事，就会割裂整块的学习时间，学习效率奇低。**最高效的行事方式就是集中精力一次性完成任务**，而不是将一两个小时的任务分割成60个2分钟去完成，因为我们每次重新进入学习状态就会花费大量的时间，这还不包含分心浪费的时间。

🌸 学习前要先平复情绪

大部分过于激烈的情绪状态，都不太适合立刻投入学习，这时候勉强学习，可能会越学越烦躁，越学情绪越糟糕。例如，过于兴奋（刚看完演唱会），过于激动（刚跟朋友吵完架），过于愤怒（刚被人冤枉责骂了一顿）等，诸如此类的情绪，都不适合立刻学习。大脑的理智中枢和情绪中枢分属于不同的脑区，情绪中枢过于兴奋的时候，理智中枢是很难调动的，学习也很难专注。

　　孩子们需要做的是觉察自己的情绪，如果有上述情况，就需要先拿出一点时间消化情绪。生怕浪费时间，于是急切地投入学习，往往是事倍功半。这时候孩子们会发现，平时很容易看懂的内容，现在反复看好几遍都理解不了；平时学一两个小时都不觉得累，这会却好像凳子上有钉子，学一会就很烦；平时写东西文思泉涌，今日大脑却仿若卡壳，怎么都找不到灵感。时间一长，就会怀疑自己的学习能力，反过来又会加重情绪问题。

　　情绪不平静的时候，先喝杯水，静坐一会，或者听一听舒缓的音乐，让自己的情绪平静下来，再投入学习。如果以上方式都不管用，那么就可能需要找人聊聊自己的困扰，把憋在心里的结处理一下，卸下重担，再重新投入学习。

❀ 学习要循序渐进，可以从"只学半小时"开始

　　对于很难集中注意力，对学习不够了解、不够热衷的孩子，可以采用每次"只学半小时"的方法转入学习状态。比如，让孩子定一个半小时的闹钟，当闹钟响时，告诉自己已经学习半小时，今天的任务完成了。在闹钟没响之前就专心学习，闹钟响了之后，就允许自己心安理得地安排其他事情。虽然半小时看起来微不足道，也学不了太多东西，但它有利于孩子们战胜对学习的恐惧和抗拒，然后慢慢跟学习建立正向连接。

　　千万不要一上来就把一天的时间都安排满，从早到晚都希

望孩子投入在学习上，这对于本身就抗拒学习的孩子来讲，根本是不可能做到的。**因为做不到，所以连开始都不要开始，这是很多学习动力不足的孩子的通病。**把目标定得高高的，却又因为目标太高，清楚地知道自己做不到，最后往往是还没开始就放弃了。

🌿 建立学习前必要的仪式感

放下手机后立刻学习，由于大脑未能及时调整过来，进入学习状态会十分缓慢。刚吃完饭时，身体的主要能量集中于消化系统，大脑较为迟钝，对学习状态亦有影响。刚跑完步，满身汗水且气息未匀便即刻学习，大脑也会显得力不从心。

给自己 5～10 分钟的调整时间，让大脑放空，建立一些学习的仪式感，比如摆好书本，倒好开水，调整好桌椅……这些仪式看起来多余，浪费时间，实际上却有"磨刀不误砍柴工"的功效。**每一个仪式动作，都是在暗示自己：接下来要进入学习状态了，我需要专注在学习上，尽量不受其他事情的干扰。**

有些家长喜欢时不时"监督"孩子学习：一会送水果，一会倒水，一会又进孩子房间看看……这样的关心，实际上是在无意识中干扰孩子的学习状态，不时打断孩子的思路。最好是**在孩子进入学习之前，一次性把该做的都做好，该准备的都准备好，接下来就把时间留给孩子专心学习。**

综上而言，保持专注是有技巧的，不是单纯依靠控制意志就能实现最大化效果，千万不要孩子一不专注就责备、批评。找对方法，勤加练习，大部分孩子的专注力都能得到相应改善，学习效率自然也就能提高。

秘密 3　顺应心理需要，夯实内驱力基础

摸清规律，遵循孩子心理特点

🌿 让孩子学会为自己读书

孩子没有内驱力的原因之一，是感觉自己在学习和生活中没有自主权，总是按照别人的意思去做选择，自己就像提线木偶一般，被别人拉着举左手，举右手，而自己的真实想法经常得不到表达，更别提尊重。对青春期的孩子而言，这可能是对学习积极性的重要打击。

进入青春期，孩子会有一种强烈的独立愿望：我长大了，该拥有跟成年人同样的话语权了；自己的事情自己说了算，为自己而活。一旦感觉到被逼迫着做事，他们会使出两个撒手锏：要么直接反抗、争吵、发脾气，要么就消极怠工、拖拉、磨蹭。一部分厌学的孩子会说："我这个学就是为我爸妈上的，我根本一点都不喜欢上学。"**孩子如果感觉是被逼着去学习的，那么学习动力自然也就无从谈起。**

但是从家长的角度来看，却又是另一番为难场景：干涉吧，孩子觉得不自由，不受尊重，于是消极抵抗；放手吧，其实许多孩子的自控力严重不足，极有可能因玩得过度而失去控制，最终自毁前程。本书也提供两个小建议，供家长参考。

（1）抓大放小

人只要在某一些方面感觉到自己拥有掌控权，就能确认自己的独立性。小事孩子做主，大事家长和孩子共同商量着来，是一个可以尝试的方向。

家长切忌事无巨细都要管，连孩子穿什么衣服，用什么文具都要插手，这样做既没有对孩子做到引导，还会加重孩子被人操控的负面感受。

（2）强调责任

青春期的孩子有一种期望，就是只想要权利，不想承担任何责任。做选择的时候，想自己说了算；事情搞不定或者搞砸的时候，又希望父母出手干预，帮自己善后。这当然不是一种真正独立的表现。

家长需要做的是把责任和权利统一起来，把孩子的某些责任还给孩子，该观望的时候，尝试看着孩子去面对问题。不能交给孩子的事情，比如家庭的财政大权，父母的婚姻分合，就需要坚持原则，不让孩子插手。

🍁 人为制造"缺"的感觉

现在的孩子生活在一个什么都不缺的年代，特别是物质条件，基本都是远超基本生活需求的。从小到大，孩子几乎没有体验过饿的味道，没体验过缺钱的感觉，没经历过青黄不接的焦虑。他们的烦恼，反而是拥有太多，凡事都得到的太容易了。父母忆苦思甜，讲述过去的艰苦岁月，在孩子听来，完全是另一个世界的故事，他们根本无法感同身受。生活在这样的时代，当然是幸运的。只是很多事情都有两面性，比如，因为"缺"而激发出的生命力，在现代孩子身上就很难看到。

不知大家是否听过《红楼梦》中的刘姥姥，她作为一个农村寡妇，只能跟着女儿、女婿过活，家徒四壁，每天都为生计发愁。在这样的情境下，她却爆发出了旺盛的生命力。刘姥姥只身闯贾府，跟老太太、姑奶奶们谈笑风生，见缝插针地表达自己的诉求。别人看不起她，她却清晰地知道自己的目的，虽然六七十岁，但却依然活得热烈积极。与她人老心不老，生命力强劲相对的，是凤姐唯一的女儿——巧姐。巧姐小小年纪就总是病痛缠身，大夫给出的诊断是："只要清清净净地饿两顿就好了。"孩子吃太多了，消化不良，只要饿两顿就好了，这个处方让人哭笑不得。

在这个物质极大丰富的时代，吃太多、营养过剩的事情每天都在发生。**超前满足，过度满足，一不小心，就把孩子的动力都扼杀在了摇篮里。**当然，我们能做的，是在家庭中尽量减少这类现象的发生。

对于这一问题，家长可以尝试从以下两方面入手。

(1) 警惕"举手之劳"

跟一些家长交流的过程中，他们会提到，在孩子小的时候，基本上都是"有求必应"，因为达到这些要求并不难，举手之劳而已，也不差这点钱。但等到孩子慢慢长大，想要的东西父母越来越难以满足时，才猛然意识到问题所在。

殊不知，孩子的要求被满足得多了，他们就自然地认为一切都是理所当然，也就失去了自我争取的动力。只要立刻得不到，他们就烦躁、焦虑，进而放弃。因此，对于孩子的要求，即使在父母的能力范围内，就是很小的事情，也要尽可能有选择地进行判断和取舍，切不可全盘接受。

(2) 训练孩子通过努力获得回报

父母有能力给孩子买的，也不一定要立即买给孩子。父母要善于创造机会，让孩子通过自身努力获得想要的东西，这样一方面能让孩子更有满足感，另一方面，争取的过程也是培养孩子自身动力的过程。

也就是说，我们需要人为地给孩子制造"缺"的机会。有一部热播的电影《抓娃娃》，亿万富翁假扮贫困家庭，让孩子自己去努力争取好的未来，就类似这样的思路。当然，这种做法多少有些戏剧性的成分，但思路值得我们借鉴。

🍃 摆脱迷茫，明确目标

部分孩子缺乏学习动力的原因，在于找不到自己的目标和方向。有的孩子是因为不想过随大流的生活而迷茫，而另一群孩子则是设定的目标过于高远，因为达不到目标而焦虑，甚至有挫败的感觉。

换句话说，孩子找不到努力的方向，不知道自己该往哪个方向跑，自然就只能焦虑地在原地等待。都不知道该往哪儿跑，自然也就没动力跑。老师、家长定出了目标，不符合自己的想法，觉得那不是自己想要的生活。然而，自己想要的生活是怎样的呢？孩子不知道，也找不到。

这一代的孩子，看起来选择很多，似乎想做什么都可以，只要愿意努力，遍地都是机会……但可能正是这样的假象，为孩子制造了更多的迷茫，也引发了很多"选择困难症"。帮助孩子了解其自身的能力和优势，制定符合其自身情况的目标，对于家长来说很有必要。

（1）多提供尝试的机会

解决迷茫的方式可以是行动，也可以是各种尝试。哪怕是尝试之后，发现这条路走不通，也是一个有价值的过程。我们不可能站在原地，仅通过思考就能找出自己的方向。对于大多数孩子来说，希望完全依靠思考来解决迷茫是不现实的。**路要一步一步地走，才会越来越清晰。**

（2）养成定期复盘、总结的好习惯

帮助孩子养成定期复盘的习惯，对孩子来说至关重要。小到每次考试，为什么没考好，哪里做得还不够，哪些科目比较欠缺，大到孩子的性格优势是什么，特长有哪些……这些都是可以分析和总结的。总结得多了，孩子自身的优势、不足也就越来越明确了。

每一代孩子有每一代孩子的不容易，也都有属于这一代孩子的心理特点。我们不要总拿上一代的艰苦来比较当代孩子的优越，批评他们"现在有吃有喝，什么都不缺，你还有什么不满足的，还不认真学习？"

真正有作用的，是顺应当代孩子的心理特点，选择有针对性的教育方式，如此才能唤醒他们的内在自驱力。

精准定位，回应孩子的内在需求

🌿 内驱力的三种心理需求，缺一不可

青春期前后的孩子，有三个基本的心理需求：**自主需求、胜任需求、归属需求**。这三个需求，都跟学习内驱力密切相关。

家长最习惯创造机会满足的是孩子的胜任需求。家长们会不惜血本，想方设法花钱花时间提升孩子的胜任力。都怎么提升孩子的胜任力呢？就是哪里不会学哪里，恨不得把孩子培养成六边形战士。学钢琴，学跆拳道，学画画……学会了，学好了，孩子感觉到自己有能力，比同龄人有优势，就能满足胜任力的需求。

在学习方面更是如此，一句"不要让孩子输在起跑线上"，刺激了多少孩子和家长的神经。为让孩子超前学习，家长更是一个比一个起劲，努力让孩子学得更早，学得更难，让他们在同龄人的竞争中更有优势。幼儿园不许学认字，家长就偷偷让孩子学，最好幼儿园学完小学的东西，小学学完初中的东西，让孩子一直保持着领先优势。一定程度上，这确实能够让孩子的胜任力需求得到满足，只是我们都忽视了，大家都抢跑，所有人都"卷"起来之后，孩子只能跑得越来越艰难，提前得越来越早。"内卷"越来越严重，孩子学得也越来越吃力，学会的概率也越来越低，胜任力需求的满足也就无从谈起。

加法孩子
激发学习内驱力的秘密

另一个重要的副作用是，为了推动孩子最大限度地满足胜任需求，家长们很多时候无意识地破坏了孩子的自主性和归属感，让孩子本应该三条腿走路的旅程，变成了用一只脚跳着走。比如，为了保证学习规划的合理性和准确性，代替孩子选择兴趣班和补习班，甚至直接帮孩子安排学习计划，恨不得孩子把所有时间都用来学习。

自主需求，就是"我的感受、我的想法，会被看到、会被尊重，我有一定的话语权"。父母督促孩子学习，插手、干预甚至直接帮孩子做规划，客观上能提高孩子的胜任力，却无意中牺牲了孩子的自主性。

同时，**为了提升孩子学习的胜任力，家长往往牺牲了孩子的归属感**。归属感通常包括家庭归属感和集体归属感。归属感就是："有一个地方，它接纳我，关心我；我属于它的一分子，不管我变成什么样子，爸爸妈妈都爱我，同学们都喜欢我。"很多厌学的孩子，对于家庭和集体都是没有归属感的。他们经常会问一个奇怪的问题："爸妈真的爱我吗？不，他们更爱我的学习，我的成绩。"或者："我在这个班级里就是可有可无的，没有人在意我，我回不回去，根本没啥区别。"

如此严重不平衡的心理需求分布，必然导致危机重重。一旦胜任需求也无法被满足了，孩子学不会了，学不进去了，那么孩子的精神力量就会一下子垮塌。也就是说，我们过度专注于提升孩子的胜任力，是一种风险巨大的策略。这就好比一张桌子只有一条腿，当这条腿足够强健时，还能勉强支撑。一旦这条腿变得虚弱或残破，又没有其他腿来辅助支撑，这张桌子很快就会瘫倒在地上。

🌿 孩子的内驱力是如何被消耗殆尽的

曾接触过一个十来岁的孩子，这个小男孩有一定的多动特质，专注力比较差。他两个多月不去学校了，经常念叨说再也不上学了，上学太痛苦了。但他小时候可不是这样，以前他完全是个孩子王，跟谁都能玩到一起。那时孩子也特别自信，学什么都很积极，去学校也从不迟到。

从一年级开始，孩子的生活突然改变了，他面临着巨大的挑战，出现了各种不适应，显然他不是擅长学习的类型。要知道，对于一个患有多动症的孩子而言，注意力极易分散，能够老老实实坐在位置上听课，确实是个不小的挑战。这个孩子是左撇子，写字慢，且字也写得歪歪扭扭。孩子妈妈性子急，对孩子要求又高，为此妈妈经常责骂孩子。孩子在学习上也面临诸多困难，英语单词记不住，应用题理解不了，上课还老是走神，作业也常常写不出来，孩子几乎每天都会因为作业的事情被妈妈吼。毫不夸张地说，别人家辅导作业时是鸡飞狗跳，他们家简直就是硝烟弥漫的战场。在学校里，孩子被老师批评，留堂、罚站更是成了家常便饭。

他经常跟妈妈说自己是"学渣"，学不好，让妈妈放弃自己。妈妈那个时候也没多想，觉得孩子就是想偷懒，不思进取。家里人也不知道孩子有多动症的问题，只是坚信勤能补拙，想尽办法让孩子学会、学好。

孩子对于挫败特别敏感，游戏或者体育比赛输了，就会情绪崩溃，甚至直接跟同学打起架来。到了四年级，他新换了一个班主任，新班主任对学生要求非常严格，经常挑他的毛病，还向家长告状。那时候妈妈也无条件地配合老师，每次回来都要把孩子批评一通。老师还要求孩子用右手写字，说左手写字不对，结果孩子怎么也做不到，不断地被老师数落、惩罚。渐渐地，孩子发展到一写字就害怕、紧张，还伴随躯体化的手抖症状。孩子彻底崩溃了，经常请假不上学，到后来直接不去学校了。

举这个例子，是想分析一下孩子的学习动力是如何被消耗殆尽的，家长该如何重新激发孩子的内驱力。

🍀 重新激发孩子学习内驱力的方法

（1）满足孩子的胜任需求

细读案例就会发现，这个孩子有一个与众不同的特点：左撇子。这个完全算不上缺点的特点，却给他带来了前所未有的麻烦。因为左手写字速度慢，写出来的字不好看，经常被妈妈责骂和批评，但那并不是他的错，他也不是自愿成为左撇子的。不过，那时候的他还太小，并不清楚其中的逻辑，唯一知道的是自己跟别人不一样，自己很多事情做不好，比不上别人。

更糟糕的是，他显然不是一个擅长学习的孩子，无论是背诵、理解和算数，都是他的弱项、短板。所以，他会跟妈妈说："我就是学渣了，你不要对我抱太高的期望。"只是妈妈不相信改变不了孩子，于是以更高的标准来要求孩子，督促孩子，对孩子的细节错误紧抓不放，一心期望能让孩子变得"优秀"。在这个过程中，孩子的自信心也越来越低。孩子被逼迫着，一遍一遍重复做自己没有胜任感的事情，并且一次次被否定，被责骂。稍微分析一下就能意识到，按照这样的方式，要让他坚持学习下去很难。

当孩子坚信"我就是不行，我什么也做不了"时，就会一点点丧失上进的欲望，甚至陷入"自暴自弃"当中。**要想重建孩子的内驱力，就要重新寻找满足孩子胜任力的契机**，暂时放下学习这个让孩子撞得头破血流的"南墙"。孩子不擅长学习，可能会擅长运动；不擅长写字，可能擅长画画；不擅长做题，可能擅长做家务……诸如此类，不管做什么，先让孩子相信自己有能做的事，并不是什么都比别人差。帮助孩子确认他对某些事情的胜任力，才能将孩子从自暴自弃的深渊中拉出来，这样才有机会逐步恢复孩子对于学习的内驱力。

(2) 切断学习与痛苦的负面连接

一个十岁的孩子，按道理说正处于学习最轻松、生活最有意思的小学阶段，怎么会不想去呢？但稍微琢磨一下这个孩子的学习情况，就会发现，他的学习似乎都跟痛苦连接起来了。写字慢，写字不好看，不断挫败，产生痛苦的感觉；英语背不下来，语文理解不了，数学不会做，痛苦；因为学不好，写不好，完不成作业，被妈妈批评、责骂，痛苦；因为成绩不好，在学校反复被批评和惩罚,在同学面前抬不起头,痛苦;比不上同学,一开始就是"学渣",在同学面前没面子,痛苦。在他的记忆里,痛苦和学习的连接密不可分。

要恢复孩子的学习内驱力,就需要打破学习跟痛苦之间的负面连接,让孩子在学习中感受到成就感和愉悦感。例如,从孩子擅长的学科中最基础的内容入手,或者干脆从他感兴趣的课外书开始,或者从趣味轻松的视频课开始,从中感受学习的乐趣。别急着要求孩子达到什么样的学习目标,只要他不那么抗拒学习,反感学习,就及时给予认可和夸赞。坚持下去,一点点积累学习的积极体验,才能一步步恢复孩子学习的内驱力。

(3) 恢复家庭归属感

从孩子上小学开始,他基本就没再感受过妈妈跟自己站在一起的家庭归属感。大部分时候,妈妈都是站在对立面指责他,教训他。他在学校过着被老师批评、嫌弃,回到家被父母指责、嫌弃的生活。无论在学校还是在家里,大家似乎都不喜欢他,不愿意接纳他。

当然,我们理解妈妈的焦虑,妈妈是担心孩子的前途,担心给老师留下不好的印象,所以才不断地催促和批评孩子。问题在于,正是这种急切的"望子成龙"之心,把孩子推向了父母的对立面,让孩子感觉仿佛全世界都嫌弃自己,所有人都在说自己不好。孩子无人理解,没人陪伴,委屈无处诉,最终导致情绪崩溃和厌学。

老师虽然在学校里是权威，但他每天要面对几十个学生，做不到完全了解每个孩子的具体情况。可家长不一样，家长是看着自己的孩子长大的，对孩子的情况最有发言权，也最应该在恰当的时候替孩子发声。**家长要保持对孩子的信任和支持，真正做到成为他们的坚强后盾，满足孩子的家庭归属感。**这样一来，无论孩子在学校遭受多大的打击，至少有一个可以充电和休整的地方，那么孩子的状况就不至于太糟糕。

请相信，**孩子的自驱力能被消磨殆尽，自然也能被重新唤醒**。每个生命本身都拥有"向好、向上"的原始动力，引导孩子振作起来绝非难事，关键在于要顺应孩子的心理需要，引导适宜，方法得当。

秘密 4　合理应对压力，扫清成长道路上的障碍

全面认识压力，理解压力规律

🍀 "理智脑"天生怕压力

科技发展到今天，我们对大脑的了解仍然十分有限，但是对大脑的结构和运作规律的认识，已经实现了巨大的突破。大脑中的前额皮质是我们的神经中枢，我们的语言、数学、分析，都依靠这个部位。可以简单地理解为，大脑的前额皮质就是我们的理智脑，跟我们的学习、思考和逻辑分析密切相关。放到孩子身上，这个部分的运作情况如何，直接关系着孩子的学习效率。

按理说，前额皮质的运行，是一个完全独立且理性的过程，受情绪的影响不大。我们大脑中还有一个主管情绪的脑区：杏仁核。不管是愤怒、悲伤、焦虑，种种情绪都会导致杏仁核异常活跃。大脑各脑区看起来是各司其职，井水不犯河水的，但是真实运作过程中是没办法做到如此泾渭分明的，脑区之间不仅会相互

干涉，还会有主次之分。当一个人情绪过于强烈时，杏仁核就会十分活跃，直接占据大脑的整体功能，让前额皮质完全无法工作。

一个最明显的例子，就是当一个人在极端悲伤的时候，会一个劲地流眼泪，一句话都说不出来。这时候你问他："怎么了，发生什么事情了，你说话啊？"他们是说不了话，组织不了语言的。同样的道理，人在极端恐惧之下，比如突然有人拿枪指着你，或者意外遇到猛兽等，也会愣在原地，忘记逃跑。愤怒时也同样如此，当人被骂时，很想毫不留情地骂回去，骂得越过瘾越好，但实际情况却是，要么气得全身发抖，要么是委屈得一个劲哭，根本组织不了语言反击。

这就是**压力和激烈情绪对大脑工作的巨大影响，他们能够让负责学习的脑区完全丧失工作能力**。这也就是我们在前文反复提到的，过于焦虑和抑郁的孩子不是不想学习，而是根本就学不了的核心原因所在。

还有一个不能忽略的情况，就是长期的、持续的、慢性的压力对大脑的不良影响。一般情况下，压力到来的时候，我们大脑和身体会集中全部力量去应对和处理，身体的激素水平也会上升。过一段时间，问题解除了，压力水平降下来，大脑会重新开始正常运作，以保持我们正常、平稳的生活和学习。这个原理有点像弹簧，有压力的时候被压下去，压力消失后再弹起来，反复压弹几次，并不会太影响这个弹簧的功能。但如果处于极端状态，每天无数次按压这个弹簧，时间一长，再让它弹起来，弹簧就会日渐失去弹性，弹起不来了。

大脑的功能也是如此，每天都要无数次地处理压力，在学校无法放松，在家里也无法放松，走到外面还是无法放松，时时刻刻保持警惕，就是在无谓地消磨大脑的"弹性"。在临床中常会见到一类孩子，他们时时刻刻身体和大脑都是紧绷着的，无论任何场合都坐得端端正正；跟家人说话，也要思考再三。稍微代入一下这些孩子的大脑，我们就能感受到孩子有多累。

孩子长期持续面对的压力，比我们以为的还要普遍。例如老师不时地批评，害怕交不到朋友的担忧，父母的失望和指责，家庭长期的争吵等，这些看起来都是小事，对孩子来说却都是"钝刀子割肉"一般的存在。我们总觉得现在的孩子条件好了，要什么有什么，哪里有什么烦恼？实际上，他们确实身体上更轻松了，不用干体力活，但是大脑的负担却是前所未有地沉重。

我们要帮助孩子提升学习内驱力，让大脑前额皮质的功能发挥得更好，就需要正视压力对大脑的负面影响。还是那句话，大脑的布局不是一个个毫不相关的格子库，它是由相互纠缠的血肉、神经组合而成，要实现前额皮质的最佳运作，首先要保证杏仁核不"捣乱"。

❦ 压力都有哪些类别

有句俗话叫作"压力越大，动力越大"，很多家长也都非常认同这一观点。因此，当孩子遇到压力的时候，家长习惯性用"激将法""推动法""打击法"等方式，试图推动孩子迎难而上。结果往往事与愿违，孩子不但没有战胜压力，反而更加退缩，直至被压力打倒。家长这么做的核心问题在于，家长对所有压力都一概而论，既不区分类别，也不评估程度，而是采用同样的方式进行处理，如此一来，自然就出现了越处理越糟糕的局面。

家长可以简单了解压力的类型，以便更好地理解孩子。根据相关研究，压力可以分为以下三类。

第一类压力叫作正向压力。这类压力特点是，压力不会过大并且持续时间不长，比如考试。对大部分孩子来说，考试时都多少有些压力。考试过程中精神高度集中，自然会有或轻或重的紧张表现，但是这种压力有利于孩子集中注意力，有利于更专注地答题。考试结束，压力解除了，情绪就能立刻放松下来。

亲子冲突也是这样。吵架的时候大家都很激动，也都会感觉到身体的压力信号：冒汗、脸红脖子粗、大脑充血……短暂冲突之后，大家都能冷静下来，理智地沟通，把问题说开，压力就能消解。同时，冲突还能为下一次家庭沟通积累经验和技巧。

以上所讲的压力，都是正向的压力，它能够调动我们的潜力，让我们更好地应对当前的困境，并且在成功之后体验到成就感。

第二类压力叫作可承受压力。这个可承受压力处于一定的压力范畴之内，会对大脑和情绪造成一定程度的损害，但这种损害是可以修复的。

例如陷入抑郁的孩子，会长时间体验到极端情绪的不良影响，但当他们的抑郁康复时，又能够正常地学习和生活。这种压力的影响很大，但大脑仍有修复的可能性。

第三类压力叫作毒性压力。这种压力造成的伤害不能复原，会永久损伤大脑。我们熟知的创伤后应激障碍就是这类情况，某些压力造成的大脑损伤是不可逆的。

例如经历过地震的人，会在地震结束后几年、十几年，都无法走出当时的阴影，陷入惊恐和悲痛之中。也有的人在至亲离世时，会陷入抑郁之中，性格和思维都发生彻底改变，好像"变了一个人"。

产生压力的原因

孩子在什么情况下会产生压力呢？压力的刺激源，可能比我们想象的要更多，而且很多是颠覆我们常识的。下面总结出四种主要刺激源，供家长参考。

（1）新变化

新变化，比如搬家、转学、升学等，都会让孩子置身于陌生的环境当中，进而产生压力。这里需要注意，就算是新环境、新情况比原来的更好，也同样会产生压力。比如孩子转到更好的学校，同样会因为适应问题产生压力。这是因为大脑和我们的身体都更习惯熟悉的环境和情况，处理起来得心应手，能减少脑力的消耗。同时，熟悉的环境能够给人更充分的掌控感，让内心更安定。如果环境或情况发生变化，大脑需要重新调动精力，重新分析和应对，在这个过程中，就必然伴随着压力。

（2）意料之外的情况

当一件事，事前完全没有预期到会发生，这会让大脑由于丝毫没有准备而产生压力。例如，完全意料之外的成绩下降，毫无心理准备的分手，还有突然的亲人离世等，因为心理缺少一个预期的接受过程，所以当情况突然降临时，人们往往会措手不及，陷入焦虑不安之中。

"范进中举"是一个很好的例子：尽管科考高中是件好事，然而这件事太过重大且来得十分突然，范进完全丧失了应对能力，以至于变得疯疯癫癫。

（3）面临威胁时

当事情发生后我们觉得有威胁，感受到了恐惧和冲击，这种情况下也会有压力。这一点其实很好理解，当我们人身安危受到威胁的时候，大部分人是不可能保持沉着和冷静的，此时身体激素也会发生变化，以帮助我们做好应战准备。这就好比有人要打你，你又打不过对方，自然会觉得很恐惧，很有压力。

所有威胁中，来自家庭的伤害是很容易被我们忽略的。例如家里父母经常吵架，甚至动手，孩子也会长期生活在不安全的威胁当中，压力自然也会增加。还有的孩子经常担心爸妈会莫名其妙地打骂自己，在家庭中就会小心翼翼，生怕做了什么惹父母不高兴，这也是一种隐藏的压力。

（4）超出掌控范围

当我们觉得事情超出了把控范围，在我们能力范围之内无法承受和应对时，也会产生压力。

很多学习动力不足甚至厌学的孩子，就是认为学习完全超出了自己能应付和把控范围，觉得自己回到学校一定会崩溃，因此才回避学习和上学的。

　　掌控感能让我们觉得踏实、安全，而超出掌控范围的事情，就算在别人看来再小，对当事人也是一种巨大的负担，这也是为什么很多家长想不明白上学有什么难的原因。**每个人的压力标准和应对能力不同，同样的事情，对家长来说易如反掌，对孩子可能就是难如登天。**

协同孩子战胜压力，赢回学习掌控权

🍃 激将法不可取

不可否认，学习着实辛苦且漫长，同时又是一个反馈周期颇长的任务，因而并非每个孩子都擅长学习。长期处于学习高压之下，孩子会产生许多负面情绪，这些情绪会阻碍孩子学习的内驱力，甚至直接引发厌学的情况。

"学不死，就往死里学"，这是很多家长和老师习惯用来激励孩子的话语。殊不知，学习困难过大的情况下，如此激励并不管用，反而会进一步加大孩子的心理压力。这里就涉及一个**家长经常陷入的教育误区：用"激将法"教育孩子**。孩子越是没有学习动力，越要骂他，刺激他，认为这样才能让他振作起来。

下面就来解析一下这种做法的不合理之处。

（1）激励要基于孩子的承受能力

下面用一个浅显的比方来解释这件事。让你挑一个100斤的担子，你会觉得有点重，但是通过努力肯定能挑得起来。于是你憋一口气，挑起担子，健步如飞地大步赶到目的地，把担子放下来，这大概就是很多家长坚信"激将才有动力"的理论依据。但是，如果让你挑一个200斤的担子，你是不是会觉得太重了？当然。如果还要让你挑着担子跑起来，你还跑得动吗？除非你像关公一般，天生具有神力。

挑200斤的担子，对我们普通人来说，能够一步一步地往前挪，就已经很不错了。那么，如果挑200斤担子的还是一个未成年，骨骼发育还没成熟的孩子呢？你还会觉得让他挑200斤的担子是磨炼他的意志，能让他更有耐力，练出清奇骨骼，将来必成大器的人吗？这个逻辑是不是完全说不通？常识也告诉我们根本不可能。

挑200斤的担子，估计大多数孩子会直接压断骨头，从此落下残疾。即使孩子侥幸挑起了担子，估计也走不了几步。那么，当孩子下次再看到那200斤的担子，是不是会浑身发抖，见状拔腿就跑？

(2) 看不见的心理状况，更容易遭到误解

同样的情况，换到心理角度，为啥我们就觉得不管让孩子挑多重的担子，怎么打击他都没问题，都是激励他甚至是为他好呢？**因为心理状况看不见，摸不着，所以家长就认为孩子的心理承受力是无限大的，要不断加码才能把潜力激发出来。**

身体上，如果手断了、脚断了，大家都能清清楚楚地看到，所以我们知道哪些事情不能做，也知道多大重量超出了身体的承受能力。心理上的问题则不一样，有没有伤害，有没有负面影响，有点像瞎子摸象，全凭人们推测。你说孩子有心理问题他就有，你说没有，也很难有办法像拍片子检查身体那样，来证明孩子心理有问题。

几岁或者十几岁的孩子，更不可能知道自己的内心有没有受到伤害，自己心理承受能力的极限在哪里。加上他没有足够的话语权，说的话也大概率没有人当真，因此，他们的内心状态，总是被家长忽视。

最初一两次面对家长的批评时，孩子还能理直气壮地反驳"我不笨""我不懒""我可以"。次数多了，孩子大概也会慢慢地在内心认同："爸妈说得对，我真的很笨，这么简单的事都不会做；我很懒，不思进取；我就是个废物，什么事都做不好。"时间久了，孩子就会渐渐陷入习惯性的自我否定和自我攻击当中。

(3) 孩子并不理解所谓的"激将法"

"激将法"最大的隐患在于，它所表达的意思都是拐弯抹角的，要绕无数个圈才能到达真正的目的地，而孩子恰恰是最不擅长走弯路的。孩子们的思维简单、直接，非此即彼，父母指哪他们就打哪，哪懂得绕圈子那一套。

小孩子不会想得太多，更不会感受到你是在激励她，他只能体会到你字面的意思：你说他笨，他就会觉得自己脑子确实不好；你说他天天在家只会吃了睡，睡了吃，活得像个废物，他会真的认为你在嫌弃他，自己就是个废物。对年龄小的孩子来说，基本家长说什么他信什么。孩子对语言的理解基于其有限的认知能力，孩子能理解的，就是具体的、看得见、摸得着的信息。

孩子无法理解你明明在骂我，怎么会是在激励我呢？你那么嫌弃我，怎么会是在鼓励我振作呢？根据孩子的理解能力来进行教育，孩子才能接收到正确的信息。尽可能不要带着成年人的傲慢，拐弯抹角或者阴阳怪气地去和孩子说话，也尽可能不要说反话或开不合时宜的玩笑，因为你说的每句话，孩子们都可能会当真。

（4）孩子面临"双避冲突"时，容易选择"躺平"

什么是"双避冲突"？这里先讲讲它的亲兄弟"双趋冲突"。中国有句老话，叫作"鱼和熊掌不可兼得"。那么，要是我偏要兼得呢？鱼也想要，熊掌也想要，不想做选择，不想舍弃任何一个。两个都想要，但是现实又不允许，这时候"双趋冲突"就出现了。

"双避冲突"刚好相反，两个我都不想要，选鱼觉得刺多，选熊掌觉得太残忍。关键是，现实要求你必须选一个，这种情况下该怎么办？那就只能直接选择躺平、摆烂、逃避。

激将法的底层逻辑是"先入为主"地假定"即使两条路都不喜欢，你也要选出一条路走"。你不想挨骂，那就认真学习呀；你不想被人说笨，那就拿出本事来，快快地学会呀；你不想成绩差，那就拼命学习，努力进步呀。这是我们期待的理想状态。实际上，孩子更可能选择的是：两个我都不想要，一个都不选，我就躺在家里，关在房间里，假装事不关己，高高挂起。

🍂 合理应对压力，实现自驱型成长

美国教育家奈德·约翰逊曾在《自驱型成长》一书中分享过一个小测试。第一次他给学生们留了一些练习题，自己则安静地陪在学生们身边做题。第二次，再给同样一批学生留同样的练习题，但营造了紧张而焦躁的氛围。他不停催促学生，并且大力渲染这些测试题很难，肯定没几个做得出来。

实验结果显示，学生们第一次的答题成绩都比第二次高。第一次答题时，因为他给了孩子平和而有力量的环境，学生们内心更安定，不会担心随时被批评，不用害怕自己做不出来，自然也就有更多的精力投入到思考中，大脑皮质层能够有条不紊地工作。而当周围的环境非常紧张时，孩子们就需要分一部分精力来应对紧张和担心。杏仁核的运行，直接干扰了大脑前额皮质的工作效率，第二次答题成绩自然也就不好了。

归根结底，我们还是要从改善情绪、缓解压力入手，减轻孩子大脑的负担，让大脑能够轻装上阵，专心地应付学习。

（1）重拾生活的掌控感

要想战胜压力，关键在于让自己具有控制感。打个比方，被压力左右的状态就是我们被压力打败了，觉得世界都被压力掌控了，我们无能为力。找到掌控感，就相当于我们从压力手中重新拿回"掌控权"，告诉它"生活由我们自己说了算，你休想越权"。当然，这不是说我们要去跟压力正面硬刚，找它打一架。对于这种"虚无"的敌人，我们必须采用迂回战术。

最直接的方法，就是去完成一些轻松的，好上手的，容易完成的事情。像洗衣服，拖地，整理房间等，只要我们愿意动手，这些事情一般都能轻松完成。轻松完成一些任务，会给我们一种潜在的暗示：我还是能做好事情的，我的生活还没有完全失控。当然，这些事情也包含尽可能规律地吃饭、睡觉，保持正常的生活作息。这些看似微不足道的举动，其实都是在恢复我们生活的秩序。**有秩序、有规律的生活，能够增强我们内心的掌控感。**

千万别小看完成这些"举手之劳"带来的愉悦，根据情绪分流原理，它们会冲淡其他的心理压力。道理很简单，人是不可能在愉快的同时又感觉压力巨大，这是属于两个通道的情绪，不会同时存在。**增加愉悦感、掌控感，就是换一条路线，消减压力带来的失控和无力感。**

（2）解决学习本身的难题

孩子如果是面对学习难度太大、挫败感强带来的压力，那我们就需要解决学习这个难题。许多人一听到"解决学习难题"，就觉得假大空，纷纷叫嚷："学习哪有那么好解决的？要能解决，就不会让问题变得这么棘手了！"我们这里说的解决，并不是人人都成为学霸，而是让学习不再成为孩子主要的压力来源。

解决学习本身的问题，可以从两个方向入手，一是降低期待，二是解决学习难题。注意，降低学习期待，并不是告诉孩子"你只要回学校就行，考成什么样都没关系"，这么做就过于简单粗暴了，会让孩子认为父母也不相信自己，放弃自己了，会愈加自我

加法孩子
激发学习内驱力的秘密

放弃。降低期待的前提，是跟孩子讨论适合他们的目标，并且根据实际情况适时调整。比如，一个小学时一直名列前茅的孩子，会习惯地认为自己在初中也能数一数二，这就是目标的固化和不合理。目标和期待需要根据实际情况进行调整，家长要找到真正符合孩子的最佳激励目标。

另一方面，就是要解决学习本身的困难。对于某些孩子而言，学习真的很难。面对一堆陌生的知识，明明不会，却还得咬着牙往下看，结果越看越困，越看越忘，时间投进去了，最后却一无所获。翻来覆去也学不会，什么方法都试了，还是搞不定学习这个硬骨头，孩子们渐渐就会产生畏难心理，不愿意再认真学习。这种状况下，孩子显然是需要人帮助的，单靠自己很难面对学习的挑战。

这里推荐一个"计划分段法"，让孩子将学习上遇到的卡点一一列出，然后找专门的人去协助解决（注意不要让孩子独自应付）。在解决学习卡点期间，夹杂有简单学习任务，比例控制在3∶1，也就是不会的难点占1/4，简单的学习任务占3/4。当然，这个比例可以根据孩子的不同情况做出适当调整。通过不间断的积极刺激，激发孩子学习的欲望。**当孩子们享受到解题快感时，心理压力自然就会消失。**

这个方法与传统补习的最大区别，就是让孩子自己整理不会的卡点，然后跟比自己厉害的人一起讨论解决方案。这样既能调动孩子学习的内驱力，又利用了身边的资源，有可能实现事半功倍的效果。

要知道，越是成绩不佳的孩子，对于自己的学习状况越是缺乏规划和把控，把这一块能力补上来，对他们来说无异于雪中送炭。

(3) 向孩子求助学习问题

教是最好的学。遗憾的是，在班级里，除了老师，只有成绩特别好的孩子才有教其他同学解题的机会。学习较落后，基础稍差的孩子们，基本没有这种机会。**喜欢教人，乐于展示自己，是每个孩子内心的渴望**。家长们其实可以通过一些小设计，让孩子们"以教代学"，从而调动孩子的学习动力。

一位妈妈曾分享了自己带着患有多动症的孩子，从被众人嫌弃，孩子抗拒学习，到孩子逐步重拾学习积极性的历程。其中一个方法便是每天与孩子一同预习次日要学习的课程，从中找出一个知识点，佯装看不懂的模样向孩子求助，促使他第二天上课时认真听讲，回来后教妈妈。这个知识点不只局限于语文、数学、英语，有时妈妈也会找出音乐、体育、生物等其他科目的知识点。在辅导过程中，妈妈装得十分逼真，时不时地向孩子抱怨："你现在的书本怎么这么难呀，我小时候都没学过这么难的内容。老师让我辅导你，可我自己连这个问题都弄不明白，这可怎么办呢？咱娘俩是不是没希望了？"

孩子上了妈妈的当，上课很认真地听了知识点，并且放学回来后对妈妈说："你真是笨蛋，这个题目是这样的……"妈妈装作恍然大悟的样子："原来是这样呀，多亏你教了我。我再和你一起预习下明天的课程，看看和我之前上学时有啥不同。"

  这点小伎俩，真的对孩子有用吗？还真有用！越小的孩子，这样的方法越是有效。要知道，能"打败"父母，超过父母，是每个孩子内心的渴望。爸爸妈妈们常常一心想要辅导孩子，教育孩子，可谓劳心又劳力，然而孩子却往往并不领情。在这种情况下，偶尔让孩子充当一下小老师，不失为一个极佳的选择，这样既可以激发孩子的学习积极性，又能让他们在教授知识的过程中更好地理解和掌握所学内容，同时还能增强孩子的自信心和责任感。当孩子以小老师的身份去思考和讲解问题时，他们会更加投入地去探索知识，从而提高学习效果。对于家长来说，也可以从孩子的讲解中了解他们的学习情况和思维方式，以便更好地调整教育方法。

  有句古话叫作"百炼钢不如绕指柔"，说的就是"以柔克刚"的道理。应对压力同样如此，最好的方式可能并不是跟压力硬碰硬，更不能盲目相信"压力越大，动力越大"。家长要充分了解压力的运作规律，采取合适的方式，去一点点化解压力，甚至是利用压力，让孩子真正实现轻装上阵，"无痛"学习。